心灵

黄紫晴——著

自由的高维导航

High Dimensional Navigation of Mind Freedom

UNITY PRESS 團結出版社

图书在版编目（C I P）数据

心灵自由的高维导航 / 黄紫晴著 . -- 北京 : 团结出版社 , 2025. 6. -- ISBN 978-7-5234-1880-2

Ⅰ . B821

中国国家版本馆 CIP 数据核字第 2025W0D134 号

责任编辑：张晓杰
封面设计：孙 怡

出 版：团结出版社
（北京市东城区东皇城根南街 84 号 邮编：100006）
电 话：（010）65228880 65244790
网 址：http://www.tjpress.com
E-mail：zb65244790@vip.163.com
经 销：全国新华书店
印 装：河北盛世彩捷印刷有限公司

开 本：145mm × 210mm 32 开
印 张：7.25　　字 数：139 千字
版 次：2025 年 6 月 第 1 版　　印 次：2025 年 6 月 第 1 次印刷

书 号：978-7-5234-1880-2
定 价：79.00 元

RECOMMENDATIONS 推荐语 I

本人出生于中国香港，在创业路上打拼30多年，伤痕累累，练成一身坚皮厚肉，近年成为一名日本地产发展商，我深切体会到创业路上都会遇到的人性及心理挑战，紫晴所著的这本书深入剖析了如何增强心理韧性，探索加速成功之道，对每一位创业者都极具参考价值。

▶▶ 杨官华

日本Sunshine地产发展商创办人

在这本《心灵自由的高维导航》中，黄老师带领我们开启了一场深刻的内在探索之旅。她以敏锐的洞察力和具启发性的指导，帮助读者重新审视来自外在世界的种种挑战，并

将目光转向内心，找到真正的力量源泉。书中每一章节的设计，都为心灵成长铺设了一条逐步解锁的阶梯，从觉察内心的束缚，到重塑情绪的意义，再到最终实现心灵的自由与蜕变。这本书不仅是一本心灵成长的实用指南，更是一份邀请，邀请我们踏上一条由内而外蜕变的旅程，最终拥抱自由、平静与无限可能！

▶▶ 陈子健

博士、工程师，2015中国香港杰出青年工程师

《心灵自由的高维导航》作者黄紫晴跟本人认识十多年，她和我有过不少交流，我对她的作品充满期待，相信会令读者获益不浅。这本书深入探讨创业者心灵中的自由渴望，从觉察自我到重塑情绪，指引读者打破内心束缚，实现心灵平静。书中分析幸福感、童年影响、自信心等重要议题，并引导读者面对恐惧与愤怒，重建自我价值。

通过反思与转变，达到身心灵的平衡，读者学会应对生活中的挑战。书中揭示了心灵自由的真谛，每个人都能实现

自我与世界的和谐共存。希望大家打开心扉，除了用头脑也用心去接受新的启发并享受这个阅读旅程。

▶▶ 张佳添

音乐制作人、作曲家，中国香港无线电视台《中年好声音》大会评判

致各位有缘人：

作为70后，生活庸碌，营营役役的我，每天都想着自己从多年前便设定的目标“养妻活儿”，辛勤工作20多年。白天需面对各种烦琐的工作，晚上还要为客户们解难。像是一台没灵魂的机器。晚上梦回，常常觉得自己心中好像有个黑洞。一直被牵引着，无力感相当重，不能自已。

努力始终是有回报的。生活尚算安稳，某日忽然想，现在生活安稳了，积蓄亦足以糊口，但难道我这一生就这样继续过下去吗？

因缘际会，最近拜读了黄老师的作品。印象非常深刻。本书把宇宙能量、生命本质和身心疗愈等近来热门主题轻松而完美地交织在一起。本书对肯定自我价值和情绪重塑提供了积极正面的见解。作者巧妙地探索了真正了解自己意味着什么，在克服恐惧和软弱的同时如何能拥抱幸福。面对挑战时强调勇气能鼓舞人心，提醒迷惘的我应该怎样面对真正的自己，调整态度，向着理想身心灵境界继续探索并提升自己。衷心希望有缘阅读本书的各位同仁也能在不远的将来得到心中的确幸。

▸▸ 罗尔

专业会计师，公司执行董事

序一

黄紫晴（Elizabeth Wong）

在生活与事业的旅途中，我们常被无形的困境束缚，负面情绪如潮水般涌来，让人踟蹰不前。你是否感到幸福渐行渐远，自信在岁月中消逝？你是否被原生家庭的阴影笼罩，心中充满恐惧与愤怒，长期活在压抑与不安之中，甚至怀疑自己不配拥有美好？

我们虽知人生大道理，却总是难以践行——因为负面情绪如枷锁，让人停滞不前。能量的调整，则是一把开启自由的钥匙。

觉察，是解脱的起点；转变，是新生的契机。

本书将引导你从自我觉察开始，逐步深入重塑、反思、转变、成长直至蜕变各个层次。这是一份为你量身定制的全攻略，助你突破自我设限，实现心灵的自由，进而成就精彩人生。毕竟，人生本就是一场充满选择的游戏，我们做出的每一个选择，都在悄然塑造着我们人生的剧本与角色。

在个人层面，种种心灵困境需要突破，个人心灵层次的提升，需要我们依靠自身的努力去突破认知的盲点。只有这样，我们才能获取更大的力量，适应未来社会的发展，顺利迈进AI新时代。

我做了10多年的心灵、情绪、能量疗愈工作，疗愈过超过两千名客户，他们中有律师、医护人员、会计师、工程师、教师、企业总裁等不同行业、不同年龄层的朋友。

希望这本书能成为你心灵成长路上的一盏明灯，引领你穿越黑暗，走向充满希望与光明的未来。

序二 |

心灵的呼唤：从医者子女到能量疗愈的先驱

我想跟大家讲讲我的故事。

我的父母是东南亚华侨，年轻时毅然背井离乡，回到祖国。那时的他们只有十几岁，选择回国的原因很简单：为了能接受免费的教育。父亲大学期间主修医科，母亲则在大学水产科就读。毕业后，全家随着父亲的工作安排，定居在江西赣州市，而我，就在这片土地上降生了。

我一岁那年，我们全家移民到香港。随着移居生活的开始，父亲的人生轨迹也发生了转变。因为英文水平有限，他没能进入香港的医疗体系，只能退而求其次，在家接诊病人。

这样的情况在当时并不罕见。但正是这些片段，让幼年的我记住了一个个病人离开时的感激眼神。也许正是这样的场景，不知不觉间我心里形成了一种潜意识：为他人疗愈是多么有意义的事。

然而，生活并不总是如想象中顺遂。我9岁那年，命运给了我人生第一次沉重的打击——父亲离世了。这件事让我提前感知到生命的脆弱和现实的残酷。我从小就对情绪极为敏感，能够察觉到成年人的心理状态。虽然当时还无法清晰表达这些感受，但我会默默地将它们收藏在心里，这种能力在之后的岁月中逐渐成为我与人交流时的一种独特优势。

母亲是一位非常开明的女性，给了我和姐姐充分的自由选择权。她很少对我们加以约束，这让我早早养成了独立自主的性格。从学业上的选择到人生方向的探索，我始终倾向于自己拿主意，并勇于承担后果。

可能是遗传了父母对知识的热爱，我的成长经历中从未有过叛逆的迹象。我不抽烟、不喝酒、不热衷于夜生活，更喜欢独处、思考，这种性格让我在学业和生活中显得格外安静。

朋友们常常形容我“有点宅”。中学毕业后，我选择攻读设计系，其间和同学一起尝试创业，开过小店铺。后来，我进入大学主修服装设计，那时的我并不深谙人性的复杂，结果因不经意间得罪了外籍老师，无端被辞退。这对年轻的我来说是一个巨大的打击，但也仿佛在暗示我：我的人生将走上一条与众不同的道路。现在回望这段历史，感悟自己修读多年的设计学科，自己最喜欢的还是T恤、牛仔裤，有时候“返璞归真”反而会给自己加持最高的心灵力量。

之后，我踏入社会，第一份工作是领队。这份工作吸引我的地方很简单：它可以让我免费去各地旅行，去看看更广阔的世界。在不到一年的时间里，我去了许多地方，积累了不少宝贵的经验。19岁那年，我开始与朋友合租房子，迈出了独立生活的第一步。这段经历让我真正体会到了生活的多面性，也开始深刻体会人情世故的复杂。

多年市场销售工作的磨砺，并没有让我放慢学习的脚步。工作之余，我修读了心理学学士学位和商贸管理硕士学位。这些学习经历为我打开了认知的全新维度，让我在理解世界和人际关系上有了更深的体会。

同时，我逐渐涉足身心灵领域，开始对催眠治疗、潜意识解梦和能量疗愈等学科产生浓厚兴趣。这些探索让我发现，情绪和身心问题的背后往往隐藏着人类灵魂深处的渴望。

回望我的成长，恋爱也扮演了重要的角色。从15岁开始的恋爱经历让我不断理解和探索人性，也让我清楚地看见自己需要改进的地方。恋爱是让我成熟最快的途径，帮助我在情感中培养出更多的包容和洞察。

有一次，我因与老板在价值观上出现分歧而发生激烈冲突，这件事彻底改变了我的人生轨迹。我开始进入疗愈领域，尝试将自己的阅历与对人性的理解结合起来。2011年，机缘巧合之下，两位中医邀请我合作开办理疗中心，由此开启了能量疗愈的探索之旅。

两年后，我决定独自创业，成立了自己的公司。当时的香港对能量疗愈几乎一无所知，甚至存在很多误解。我没有现成的参考资料，只能借鉴国外疗愈师的经验，一点点摸索出属于自己的道路。我不断在社交平台上分享心得，尝试用量子物理、脑神经科学、心理学等领域的科学知识去解读能量疗愈，让它被更多人理解和接受。

创业期间也曾经负债60多万元，努力还清负债并积累财富后，想为行业做一点贡献，便投资非营利的协会平台，结果开业后的6个月内，自己培养的学生为了个人私利而集体背叛我，有些还公开抹黑我！我用了一年的时间，一步一个脚印，重建正能量的协会平台。

那次重创让我顿悟：疗愈行业最稀缺的不是技术，而是必须经历过至少一次重大失信事件，且没变成愤世嫉俗者的那种抗背叛免疫力。

经过多年的努力，我终于成为香港能量疗愈领域的先驱。如今，这个领域正被越来越多人关注，甚至连国外的疗愈师也开始在香港推广能量疗愈。这让我感到欣慰，同时意识到自己的责任更大了。

现在，我的治疗工作已经与教育结合，希望帮助更多人学会管理自己的情绪，进一步追求内心的平和与满足。这是我人生的重要使命，也是对自己多年来探索的最好交代。

我常说，我的一生仿佛是一场对“身心灵平衡”的深度实践。它不仅让我帮助了无数人，也让我更加理解人性，感知到世界的细腻与深刻。如今，我希望把这些经历与感悟写成一本书，向更多人分享我对心灵自由的感悟。

这是我对生活的最大敬意。

CONTENTS 目录

第四章

转变——从内心冲突到心灵平静 / 101

第五章

成长——创业中的身心灵平衡之道 / 139

第六章

蜕变——心灵自由的最终实现 / 173

导读 |

为你而写，找到属于自己的心灵自由

“这世上最难的课题，不是治愈肉体，而是修复那些看不见的伤口。”

“正是那些裂缝，让光有了照进来的形状。”你的光，从这里开始。

从此不再做“表面赢家，内心难民”！

亲爱的读者：

这本书的每一页，都写着你和我都曾经历过的那些困惑、挣扎和渴望。

相信我，你并不孤单。

这本《心灵自由的高维导航》，就像是我们之间的一次交谈，为你解开心锁，陪伴你找到心灵自由的密码。

如何在书中找到你的答案？

这本书的每一章、每一节，都是为了解决你生活中的某一个困惑。如果你有具体的问题，可查阅目录找到对应的章节。我向你分享的不仅是我的经验，也是每个人都可以实践的方法与心法。

亲爱的，这本书为你而写，我希望它可以成为你生活中的一盏灯，帮你找到属于自己的心灵自由。

一个愿意陪伴你的朋友　黄紫晴

第一章

觉察

对你的灵魂拷问

1.1

— 幸福 —

为什么你成功，但觉得自己没有幸福感

成功，或许你的生活已经达到了许多人梦寐以求的高度，但夜深人静的时候，你是否默默问过自己："我真的幸福吗？"

我们常常拼尽全力，试图攀登一座又一座高山，希望在山顶收获一份令人心满意足的幸福。可站在山顶俯瞰的时候，却发现内心深处的那片空白依然未被填满。

某著名艺人，他的事业非常成功，但由于贫苦的童年缺乏安全感，导致他生命中的幸福爱情悄然流走，从访问中也能感受到他的遗憾及懊悔。

"幸福"这个词对我们来说并不陌生。可究竟什么是幸

福呢?

我们从小被教导要努力、勤奋、追求成功,却很少有人告诉我们,幸福其实是一种发自内心的感受。许多人在成长的路上,内心的画布始终是空白的,他们没有被教会如何绘出属于自己的“幸福图景”,仿佛一直在追逐一抹虚幻的影子。

或许,你也曾问过自己:为什么我已经拥有了世人眼中的“成功”,内心却始终无法感受到满足?那是因为,心中缺少了真正的图景。外在的财富和成就,像一场盛大的烟花,绚丽却转瞬消散,留不下长久的温暖。

如果你回头看看你的父母和祖辈,会发现他们对幸福的理解非常简单。上一代人经历过动荡与贫困,他们眼中的幸福,无非是安稳的生活和基本的物质保障。譬如,过去一个女人如果嫁对了人,有了自己的家庭,便被认为得到了幸福。但这真的就是幸福的全部吗?

时代在变,幸福的标准也在变。我们无法简单复制父母一辈的幸福观念,因为那些狭隘的标准往往让我们感到束缚,甚至可能带来痛苦。看着前人传承下来的幸福定义,我们不禁疑惑:这真的是我们想要的幸福吗?

当旧的幸福标准无法满足现在的需要时，许多人开始在小说、电影和电视剧中寻找答案。那些画面看起来完美，仿佛只要过上这样的生活，幸福便会随之而来。可那些故事是导演和编剧精心雕琢出来的，他们将所有美好的部分提炼、组合，创造出了一个个幸福的幻象。

看得久了，我们开始相信这些“理想化的幸福”可以在现实中实现，于是将这些不切实际的期待投射到身边人身上。可真实的生活终究不是剧本。那些虚幻的画面，反而让我们的内心更加空虚。

幸福感的缺失，往往也出现在家庭关系中。许多母亲自己从未真正感受过幸福，她们依赖社会的声音和他人的意见，将“女儿嫁得好”或“儿子有出息”当作幸福的标志。她们将这种观念强加在子女身上，却忽略了每个人对幸福的理解都是独一无二的。

或许在母亲眼中，嫁得好便是幸福，但这种幸福观念真的适合每一个人吗？幸福不是一种可以套用的模式，而是每个人内心真实的感受。她们自己都未曾触碰到幸福的内核，又如何教会子女去追寻真正的满足呢？

幸福感的缺失，并不是某个瞬间的错误，而是一种长久的误解。我们需要逐步放下对外界的执着，回到自己的内心，去细细聆听内心的声音。

就像在宁静的夜晚，泡一盏清茶，温一壶月光，不再急于追逐外在的成就，而是静静地感受内心的安宁。

幸福，不在于拥有外在的某样东西，而在于是否能够在心中找到一片属于自己的净土。你是否曾经在清晨的阳光里，听见鸟儿清脆的鸣叫声，感到莫名的喜悦？那一刻，幸福是一种极其简单的感受，而不是某个复杂的目标。

幸福不是一种来自外界的馈赠，而是我们内心深处自然生长的力量。

不同的时空及不同的地域都有对幸福的不同定义，要拥抱真正的幸福感，就要从自己的内心出发，先了解自己真正的感受及需求，给自己一点时间去接近这种能让自己感到幸福的元素，要知道每个人的要求都是独特的，是时候停止追逐那些别人给你假设的画面，现在就开始感恩你身边的一切存在，用心去欣赏万物的美好，你的人生便会洋溢出幸福。

1.2

— 童年 —

在外呼风唤雨，你的心却依然囚禁在原生家庭里

很多人在生活的风雨中历练出了一份坚韧，他们的身影在岁月里熠熠生辉，仿佛无所不能。可总有一些记忆深深镌刻在脑海里，历久弥新。这些记忆，也许是童年住过的小巷，或者是某个始终难以释怀的时刻。它们总在特定的时刻浮现出来，似乎想要提醒我们，那些被称作“原生家庭”的情感印记，并未因岁月远去而淡去。

当你闭上眼，回忆起某段童年往事，感受到那一刻的细节、情绪仿佛就在眼前。这些记忆，有时令人愉快，但更多时候，尤其是那些伴随心灵痛楚的片段，却成为我们无法释怀的负担。

那些在原生家庭里不被看见、不被尊重的情感创伤，每当场景再现，心里的委屈和曾经的懦弱，会化成眼角的泪水，无声流淌。

这些记忆形成了内心的枷锁，常常影响着我们对自己、对他人的信任和爱。这些挥之不去的情感，正是内心需要面对和修复的部分。

这种隐隐的伤痛，是深藏在心底的旧影。很多人终其一生都避免去触碰这些痛苦的记忆，但这其实是自我成长的一部分。

问问自己：在你的童年里，什么是你不愿提起但始终难以忘却的？

也许，是曾经听到的那句“你不配”；

也许，是被忽视、被误解的那些瞬间；

也许，是经常被骂的“你怎么这么笨”。

原生家庭的影响往往在这些细节中悄然生长，而我们长大后是否能摆脱它们，不再被它们所束缚，取决于我们是否能从多角度及是否有勇气去面对这些伤口。

有没有想过，家人说“你不配”，其实是他们对自己内心的投射？

有没有想过，别人忽视、误解你，其实是他们的内心世界已经堵塞了！

有没有想过，别人骂你笨，其实是在心疼你，认为你应该表现得更好！

每个人的童年都有创伤，都有那些努力想要遗忘的记忆，还有那些说不出口的渴望。这样的渴望常常飘散如云，从未落地。

于是，我们在成长中学会了坚强，学会用外界的认可来支撑自己的存在。成年后的我们，早已能在职场上独当一面，但在面对内心最柔软的角落时，依然显得无所适从，仿佛“独立”“成功”这些标签，依旧拯救不了内心深处那个孤独受伤的自己。

原生家庭伤痛的束缚，如同印度驯象人的故事。驯象人会在小象还年幼时，用一条细细的铁链把它拴在柱子旁。小象拼尽全力挣脱，但无法挣开，几次失败后便彻底放弃了。

等到小象长成强壮的大象时，虽然拥有了足够的力量，却依旧觉得自己挣脱不了，从此被一条细细的铁链束缚终身。

生活中，许多人也像这头大象一样，被一种无形的“铁链”锁住。束缚无形，却往往带来深深的孤独与怀疑，这就是习惯性无助。

许多女性心底藏着一个疑问：“我真的值得被爱吗？”

如果你也曾有过这样的感受，不妨静下心来，轻轻问问自己：那个藏在记忆深处的小女孩，她真正想要的是什么？你是否愿意停下忙碌的步伐，回到她的身边，温柔地安抚她，告诉她：“你已经足够好，你的存在本身就充满了美与价值。”

这样的回首，不是为了唤醒痛苦，而是为了让自己与那个过去的影子和解，不再害怕，不再逃避。

心灵的成长并非在于忘记，而在于能否从这些记忆中获得力量。

面对那段回忆，问问自己：

“这段童年的记忆对于现在的我还有实质和必然的影响吗？”

“我如何更正面地利用这段童年的记忆去塑造更优秀的我？”

“我是否可以试着去理解当时别人的限制和不完美？”

“那些别人早已忘掉的琐碎片刻，我还抓着不放下有意义吗？”

通过深层次的重复自我探索和对话，我们可以重新诠释那些回忆，从而慢慢地解开束缚，让自己获得真正的心灵自由。

真正的自由，不是挣脱世间所有的捆绑，而是内心的静谧与丰盈。

我们可以在生活中呼风唤雨，可以笑对千山万水，但也要回过头来，去拥抱那个依然怀抱着渴望的自己。

困扰我们、捆绑我们的，终究是我们的心。生命的河流里，有流不尽的光阴，也有流不尽的遗憾。但这些遗憾与伤痛，正是我们生命纹理的一部分。

也许我们无法改变过去，但可以选择如何看待它。面对原生家庭的创伤，勇敢地看见它，是我们获得内心自由的第一步。这样才能与过去告别，与当下和解，重新建立新的内在秩序，带着新的理解与释然，继续前行。

1.3

— 从众 —

为什么你对社会的期待言听计从，却总是不敢触碰自己的内心

如今，随波逐流成了人们应对社会的一种常态。我们观察、模仿、迎合，逐渐学会在权威面前点头示意、在群体里默默附和，表面上看似安全、稳妥。

为什么我们总是依赖社会的声音，却迟迟不敢面对内心？或许，这背后藏着一份深埋的恐惧。

生活中，许多人曾遭遇过不为人知的伤痛。那些早年留下的创伤，比如一次被忽视的羞辱、一句严厉的指责，甚至是一个朋友的背叛，虽表面上被遗忘，但往往深藏心底。每当试图触碰这些记忆，痛感就会涌上心头。于是，出于本能

我们选择回避，不愿再碰触这个敏感的“伤口”。

从众，或许并非因为软弱，而是下意识的自我保护。

大多数人宁愿在群体里保持和谐，也不愿意为个人立场去冒险，于是，权威的判断、社会的标准，成了我们可以依赖的“外壳”，甚至替我们做出决定。

然而，这种表面安全的选择却在慢慢侵蚀我们独立思考的能力。每当内心的真实需求微弱浮现，我们却因畏惧和不安而选择压抑自己，渐渐习惯了顺从，忽略了自己的声音。想一想，在选择妥协的时候，我们是否也曾怀疑过：这是我内心真正想要的吗？

从众的另一个深层原因，是许多人在成长中形成的“自我矮化”。或许小时候经历过一些打击、否定，长久下来，对自我价值的认知也随之动摇，甚至产生了“我不够好”的信念。于是，这些人逐渐失去表达自我的勇气，变得不敢在别人面前展现真实的想法，害怕被评价、害怕被否定。

当一个人觉得自己“不值得被倾听”，即使心中有想法，也会选择沉默，甚至逐渐习惯于躲藏在群体中，以避免直面内心的不安和孤独。长此以往，从众成为一种习惯，仿佛只有融入他人之中才能获得片刻的安慰。

可是，压抑真实的自己真的让我们更自在了吗？

也许，每一次从众，都是对自己的一次放弃。

从众心理的形成还与社会环境息息相关。相比一些鼓励个体发展的文化，东方文化更看重集体和谐，个人的声音常常被群体的价值观所掩盖。我们在成长过程中习惯了听从“权威”与“规范”，这种教育方式让我们学会了依赖社会标准，而非倾听内心。

过去，父母一辈生活在物资匮乏的年代，社会主要关注的是生存问题，对心理需求和个体发展则少有关注。许多家庭和社会氛围并未提供充足的支持，孩子们缺少独立思考和情感支持的空间。

在一代代的教育传承中，从众成为一种潜移默化的“集体意识”。即便如今物质条件改善了，心理意识却未完全转变。很多人依然依赖社会的期望，缺乏对自我的探索。

这些“外在的声音”真的是我们需要的吗？没有这些外在标签和标准，我们是否能找到属于自己的路？

我们需要尝试与自己对话，触碰那个曾被遗忘的内心。触碰自我，不是让我们远离社会，而是要在倾听社会的同时，保持内心的独立。每个人的成长中或多或少都会受过一些伤害，正视这些伤痛并不是软弱的表现，为的是更加理解、包容自己。不再选择逃避，而是直面这些脆弱与伤口，我们会逐渐摆脱外在依赖。

这一生，我们注定会在社会的期望与自我之间徘徊。社会的声音可以作为参考，但并不应该成为唯一的信仰。选择听从内心，才是属于自己的归宿。

也许触碰内心的路并不容易走，但它带给我们的是一种真正的力量与安全感。每一次在众人面前表达自我，都是在对抗内心的恐惧，都是一次勇敢的探索。希望你通过倾听自己，逐渐找到那个独一无二的自我。

问问自己：

“我上一次选择随波逐流时，内心是充实还是迷茫？”

“如果没有社会的影响，我是否还是会这样选择？”

“现在的我，是否能够安静下来听到自己内心的声音？”

每天安排15分钟的独处时间进行自我反思，记录自己内心真实的想法和感受。或许，在反复思考这些问题的过程中，你会渐渐接近那个真实的自己。

当你发现你内心的渴望跟集体意向不同的时候，试着用行动支持你内心的选择，你会感受到有无穷的喜悦和能量在你背后推动着你去享受过程并排除万难！

1.4

— 自信 —

为什么你只相信权威，而不相信自己

从小到大，我们似乎都习惯了“听话”，听父母的，听老师的，听那些“有经验”的人的。于是，我们逐渐相信，这些话语是正确的，质疑反倒成了冒犯，会惹不必要的麻烦。

我们日复一日地遵循着，渐渐忽略了心底那微弱而真实的声音。这份对权威的依赖，早已在历史长河中打下了深深的烙印。

在许多中国传统家庭中，父母往往用“保护性贬低”的方式教育孩子，以为这样可以让孩子保持谦逊，避免被他人嫉妒，防止孩子骄傲。

于是，多少次我们听见长辈在亲友面前谦虚地说“我们家孩子一般”。这种自谦的说法，在长辈们看来是一种谦虚和礼貌，却给孩子带来隐秘的影响。

一开始，孩子不会抗拒，甚至可能觉得这是父母的谦和。可时间一长，孩子对“低人一等”感到麻木，心里开始慢慢形成一种错觉：“我理应保持谦卑，不应争强好胜。”

就这样，孩子仿佛一天天被提醒着自己的“卑微”与“不足”。这些话表面上是礼仪，但逐渐构成了孩子潜意识中的“自我评价”，他们在成长中潜移默化地认为自己不值一提，习惯性地看低自己，把谦卑当作真实的自我认知，觉得自己不值得被赞扬，认为“低调”意味着安全，符合父母的期待。

除了家庭文化，学校教育、社会舆论等方面的惯性思维也会影响孩子的自信。比如，学校中单一的评价体系，可能导致学生过度依赖成绩和老师的评价，从而缺乏自信；社会舆论对成功和优秀的片面定义，也会给孩子带来压力。

于是，在生活中，孩子就会习惯于把自我评价建立在外界的认可之上，依赖他人的意见，认为只有顺从权威才能安全，只有依赖他人的判断才是对的。

但真正的自信从来不是依附，也不是盲从，而是对自身价值的清醒认知。

例如，屠呦呦在研究青蒿素的过程中，不盲目跟从国际权威的研究方向，坚持自己的判断，最终取得重大突破。

近期的一个绝佳例子是DeepSeek的成功。其中一个关键因素，是启用了经验不超过5年的工程师团队。这么做是为了打破旧思想与旧经验的束缚，从而探索出最具创意的解决方案。

许多人不敢相信自己，是因为从未真正认识自己。他们怕犯错，怕被否定，干脆选择依赖那些“被验证过”的声音。可自信并非他人的认可，而是一种对自身的深层信任，是内心如大树根基般的坚定。

无论风吹雨打，它都稳稳地扎根在大地中。它的力量，不依赖外界的扶持，而是来自内心深处的安宁。

我们害怕质疑，往往是因为害怕自己错了。从小，质疑似乎是一种冒犯，求知变成了不必要的挑衅。我们听过多少次“少问、多听，照做就好”，心底默默埋下了“不质疑就是正确”的念头。

可正因为不敢质疑，我们渐渐在迷茫中找不到方向。其实，质疑是一种探索，也是一种成长。人生中许多答案早已在我们内心深处，我们只有勇敢地发问，才能找到那份属于自己的力量。

人生中最根本的力量，不在于找到一个“权威的答案”，而在于找到自己心底的疑问。

当我们站在人生的岔路口时，是否有那么一刻想屏蔽外界的声音，单单倾听自己内心的声音?

自信，不是无条件地相信自己，而是勇敢地接受自己，包括不完美的部分。内心深处那些不安，反而是我们找到自我力量的起点。我们可以每天进行自我肯定练习，记录自己的优点和成就；或者参加一些社交活动，在实践中锻炼自己的表达和沟通能力，以增强自信。

一个真正自信的人，不会依赖他人的认同，因为他深知自己的存在是有意义的。他明白，人生之路终究要靠自己走出来，而非他人指引。

正如大树的力量来自自身的根系，来自对生命本质的忠诚。

1.5

— 内卷 —

为什么你敢在疯狂工作中迷失自己，而不允许自己休息片刻

有时候，我们像一只不断奔跑的小兽，埋头向前，只为心中那份模糊的安全感，仿佛停下来就会失去一切。也许有人问过你："你累吗？想不想歇一歇？"

可我们总是下意识地摇头、微笑："我还好，还好。"只是这回答背后，是否还隐藏着某种不安？那究竟是怎样的焦虑，让我们如此害怕停下脚步？

从小到大，我们似乎都活在一种深深的"勤劳信仰"之中。这种信仰由上一辈人传递给我们，深深植入我们的内心。他们常常说，努力工作是人生的根基，不付出就无法安

身立命。

或许在他们的年代，这份信念确实给了他们活下去的力量。然而，时至今日，这种对“努力”的执念变成了一种鞭策，甚至是一种绑缚。明明我们的生活条件已大有改善，可心里却总有个声音在警告自己：不能停，不然会不安全。

在这份不安中，我们拼命地追赶，用日复一日的忙碌去填补那片空白，可有谁认真地问过自己，这样真的能带来安全感吗？我们究竟是为了什么在奔跑？倘若放慢脚步，究竟会失去什么？

现代生活讲究效率，社会似乎赋予了每个人一份无形的期许：努力是理所当然，松懈便是懒惰。于是我们忙碌着，用尽全力去维持自己的“有效价值”。许多人不敢停下来，生怕一旦停下，便会被别人超越，或者被质疑。

在国际新闻报道中不难见到某些行业员工加班成风，员工长期处于高压状态，有大量猝死的个案及严重的健康问题出现。

不过，在现实生活中确实有一些人是从工作中获取到大量的满足感，所以不停工作反而让他们更加积极、有动力，脸上也挂满了成就感。

可怎样分辨我们是哪一种人呢？身体会告诉你答案。当我们有真正的喜悦感时，身体会分泌大量好的激素，以保持身体健康；相反，如果我们的工作状态不符合心意，身体便会产生负面激素，用健康指数下降来提醒我们要停一停，以重新获取平衡。

当疯狂工作不再只是为了生存，而成了自我肯定的一种“保障”，“工作成就”便成为我们存在的唯一证明。可内心深处真的觉得安心吗？我们是否不过是在用工作掩盖内心的无力感？

不敢停下来，到底是为了什么？如果不拼命，是否便觉得自己一无所有？有时候，人会将忙碌当作一种庇护，避免在孤寂与无力的时候直面自己——可是，这样真的可以永远避开吗？

在这个世界上，谁的内心没有过一丝空虚和无助？可面对这些深埋心底的情绪，我们却往往选择逃避，而忙碌成了最好的逃避方式。只要工作填满生活，便不必去听那些来自心底的质问。

“你究竟想要什么？”

无数人将生活安排得满满当当，每天在任务、会议、工作中循环，把空闲时间都安排得没有一丝缝隙，因为那样似乎就可以不用面对内心那些难解的情绪。

可忙碌究竟能带来什么？我们是否只是在用工作和内卷来麻痹自己，以躲避那些无从解决的内心困惑？倘若有一天，真的放松下来、停下脚步，内心是否还能承受得住？

最令人不安的是，当我们在内卷中迷失得太久，心灵的触觉也逐渐钝化，生活的质感悄然流逝。很多人忙到连自我都渐渐迷失了，活得像一部机械运转的机器，每天重复固定的节奏，不再对生活有真正的感受。明明生活在一个物质丰富的时代，可内心却越来越疲惫、越来越迷茫，甚至迷失了自己的方向。

我们曾想通过努力工作去拥有更多，却发现内卷到最后，失去的不仅仅是时间和健康，还有心灵的温度与生活的色彩。有没有那么一刻，你在夜深人静时问自己：我究竟为什么这样拼命？这种无休止的忙碌，到底是为了什么？一旦停下来，自己是否还能找到一个真实的答案？

“你累了吗？”

这是每个人该静下心来问自己的问题。忙碌可以掩盖孤独，也可以带来一时的充实感，但当喧嚣散去，空白依旧存在。希望我们在日复一日的奔波中，能够偶尔放慢脚步，抱抱亲人，重新去倾听来自心底的声音。

1.6

— 爱自己 —

银行存款一大把，为什么你却给自己花零钱

你是否有过这样的体验：银行账户里已经积累了相当可观的存款，但在日常生活中，给自己花钱时依然斤斤计较，只舍得用些零星的小钱。

或许你觉得，“存钱是以备将来的不时之需”，但当机会来临，比如需要为自己添置一件真正喜欢的衣物，或是给生活增加一点情趣时，却下意识地犹豫甚至放弃了。久而久之，我们账户上的数字在增长，但生活的质量却难以提升。

这是许多人深藏心底的矛盾：拥有不菲的存款，却只给自己花“零花钱”。这是价值观的轻度扭曲。

香港某街头曾有几位著名的老太婆，她们有几层物业资产，但还在街头向途人要钱并坚持捡拾纸皮，把自己的人生过得非常不堪，这是价值观严重扭曲的极端例子。

在很多家庭中，孩子从小就被灌输一种“节俭至上”的理念。“不要乱花钱，要买最便宜的”“别浪费，能省就省”这些话成了我们的耳边风。对于年幼的我们来说，父母的每一句叮嘱都会在潜意识中逐渐累积，形成一种“买东西必须买最便宜的”观念。

在这种环境下长大，我们对消费有着深刻的误解：花钱是一种浪费，而省钱是一种美德。于是，即便成年后拥有了不错的收入，这种意识仍然束缚着我们，限制我们用金钱为自己提供乐趣和幸福。

我有一位朋友赚得很多，但每次买东西时，他的眼睛只盯着价格最低的标签，甚至主动告诉自己要“克制”。他坦言：“每次想到要花一大笔钱在自己身上，心里就有种说不出的负罪感。”

这种不自由的感受的根源，在于他童年时期形成的潜意识不断提醒着他：“花钱是一种罪过，必须节约，必须有计划。”然而，这种束缚并未让他获得更大的幸福，反而在某种程度上剥夺了他享受生活的自由。

储蓄的确是应对生活风险的一种手段，但当我们过度依赖“数字上的安全感”，便会逐渐与真实的生活体验脱节。有些人积累了相当可观的存款，却不敢拿这些钱来改善自己的生活。

对他们来说，“看到银行存款增加”就像是履行一种责任，似乎这已经是爱自己最好的方式了。然而，数字只是数字，如果不用它提升生活的品质，那这笔钱其实并不真正“属于我们”。

我的一位在外拼搏多年的长辈说：“我以前存了很多钱，每个月按时存款，看着数字攀升，觉得安心。可是有一天我突然意识到，这些数字跟我的生活并没有太多关系。我还是忙碌，还是辛苦，存款不过是让我有了些许虚幻的安全感。”

她开始意识到，只有学会合理消费，敢于为自己的幸福买单，金钱才能在生活中带来实实在在的价值。

我们需要重新审视我们与金钱的关系，尤其是重新定义“节俭”的意义。节俭并非一味地压抑需求、放弃自我，而是让金钱为我们服务，使我们的心灵丰盈。这不仅仅是经济观念的转变，更是对自我的一种认同与尊重。

回到最根本的问题：你对待自己是否足够好？这不仅仅体现在消费上，还在于我们是否愿意花时间、精力在自己身上。

很多人把大部分精力用于工作、家庭，没有多少精力用于满足自己的需求。试想，如果我们每天都把“自我”放在最后的位次，我们的心灵和生活会如何呢？

我的一位朋友曾经跟我分享过她的一个小改变：她从早起为工作做准备，转变为早晨先进行锻炼和阅读。“我发现把时间优先留给自己，这一天的精力和心情都会充实很多。”这是一种自爱的体现，我们只有先照顾好自己，才能更好地生活。

其实，爱自己是可以从“零花钱”开始的。一杯好茶，一顿美食，一场自己期待的旅行，都是对自己的温柔奖励。看似小小的支出，却是我们生活中触手可及的幸福来源。

从潜意识及能量的角度来说，当“花钱”为我们带来喜悦及满足感时，我们便会真心爱上金钱，只有真心喜欢才能吸引金钱与我们连结。说白了，你越喜欢，就越拥有！

对于在意“花钱是否值得”的人来说，尝试小额的自我投资，或许是一种不错的选择。每当你犹豫是否要为自己“买个小礼物”时，不妨试着给自己一个机会去体验一下。

如果能慢慢地找到这种平衡，我们就可以体会到花钱带来的满足感，而不仅仅是“节省”的满足感。那些我们一直舍不得花的钱、一直不敢用的存款，其实有着让我们的生活焕然一新的潜力，它们能让我们的日常生活更美好、更愉悦。

在金钱观念的背后，我们的心理需求远比数字重要。我们都需要安全感，但过分囤积数字并不是唯一的选择。真正的安全感，来源于我们能在金钱、生活和自我之间找到一个平衡。这种平衡可以在满足基本需求的前提下，帮助我们真正去享受生活，让金钱成为生活的支持而非束缚。

在生活中，如果我们只用“零花钱”对待自己，那是对自我价值的忽视。学会爱自己，是从一点点打破旧有观念开始的。不再对消费感到愧疚，慢慢培养一种新的金钱观，允许自己去体验那些小确幸。

你不必一开始就给自己进行巨额投入，但你可以从“每月收入的某个百分比”中找回自我关爱的能力。金钱不是我们的枷锁，而是生活的工具。让金钱真正服务于你的需求，为你的幸福加分。

学会爱自己，不仅能提升个人的生活质量和幸福感，对整个社会的消费升级、文化发展也能产生积极的影响，这才是对金钱的真正尊重，以及对自己的珍爱。

第二章

重塑

解读情绪

背后的信息

2.1

— 恐惧 —

你所恐惧的一切，加起来都不及恐惧本身对你的伤害

恐惧，是人类内心深处一种真实而又难以言喻的情绪，仿佛有一种无形的力量将我们束缚住，我们的心跳加速、掌心出汗、呼吸变得急促。

生活中充满了恐惧：从天气的变化到食物的安全问题，再到人际关系中的微小波动，恐惧似乎无处不在。事实上，**真正困扰我们的，未必是那些外在事物，而是惯性的恐惧本身。**它犹如深埋于心灵深处的阴影，悄然影响着我们看待世界的方式，甚至改变了我们行为的轨迹。

其实，恐惧与中国传统文化之间也有联系。例如，中国传统文化中的“居安思危”观念，在某些情况下也可能演变

成过度的恐惧。

在与很多客户的接触中，我发现大家所畏惧的事物各不相同，有人惧怕寒冷，有人惧怕炎热；有人担心吃多了会发胖，有人担心吃少了会营养不良；有人害怕在人群中说错一句话会受到批评，有人害怕自己会在无意中冒犯了别人。

最初，我试图帮助他们一一化解这些恐惧，但效果并不理想。渐渐地，我意识到：**恐惧只是表象，深藏在心灵深处的、未曾疗愈的恐惧能量才是问题的根源。**

恐惧的起点：童年的“第一次”

我们的恐惧并非偶然产生。它往往深植于最早的记忆之中，每个人心中的那抹恐惧，常来自童年某个看似微不足道的瞬间。对那些被恐惧困扰多年的成年人而言，回溯到最初的那个“恐惧瞬间”常常是自我解放的第一步。

心理学研究表明，儿时某些伴随强烈情感，尤其是恐惧和孤立感的经历，往往在成年后不断被触发，影响我们生活的方方面面。

有一位客户，儿时曾在幼儿园被老师严厉责骂，甚至感到被排挤。幼小的心灵无法承受这种孤立的压力，哭喊着想要逃离那种被抛弃的境地。虽然成年后的生活一切如常，但童年埋下的恐惧之种已在心中悄然生根发芽。

她在成年后的社交场合中，常常无意识地回到那种无助的情绪状态中，通过回避和紧张来保护自己。殊不知，这些情绪反应并未使她解脱，反而令恐惧在她心中越扎越深。

恐惧的蔓延：从“根”到“叶”

心理学上有一种理论叫“情绪记忆”，认为早年积累的情绪记忆往往会在未来的生活中不断重现。若我们对恐惧仅仅做表面的应对，而未触及其根源，它便会如同埋藏的种子般悄然生长，枝繁叶茂。有人畏惧黑暗，有人惧怕小动物，还有人在社交场合会感到窘迫。这些恐惧虽形态各异，却往往源于最初的恐惧之根。

很多人惊讶于不同年龄段的自己会不断产生新的恐惧：年轻时害怕失败，中年时恐惧衰老，年迈时又畏惧孤独。仿佛这棵恐惧之树会伴随人生各个阶段一同生长，在生活中不断蔓延。

恐惧的根源或许还深藏于古老的记忆中。有学者认为，生命的早期经历会在基因层面留下痕迹，这些强烈的情绪会一代代流传下来。

某些人带着莫名的恐惧来到这个世界，尽管能平静地生活，内心却始终感受到某种无形压力。这或许是更久远的创伤在现代生活中的投影，是一种基因层面集体记忆的延续。

有些人一生都带着一种难以解释的恐惧感，似乎这种恐惧并非源自自己的经历，而是来自更久远的记忆。在这样的假设下，我们每个人所带的恐惧，未必全然属于自己，可能是一份来自遥远过往的无形传承。

直面恐惧：在心灵深处找到根源

在疗愈过程中，我会引导来访者回到最初的那个“恐惧瞬间”，触碰最早的情绪根源。这一过程并不轻松，许多人抗拒直面那些让自己痛苦的记忆。

但当他们勇敢地重温并接纳这些记忆时，恐惧便渐渐失去了滋生的土壤。对于一个成年人而言，回忆过去或许会带来短暂的不适，但这正是走向疗愈的第一步。

当我们愿意静下心回顾，看看自己何时、为何会感到恐惧，会发现恐惧之树上的一切枝叶，都植根于那块最初的土壤中。真正的解脱并非无止境地修剪枝叶，而是回到根部，用心灵的平静与勇气将它连根拔起。

恐惧的解药：让心灵归于自由

当我们愿意直面并疗愈内心深处的恐惧根源，恐惧便不再拥有不可抗拒的力量。

如何知道自己已摆脱了恐惧？当你能平静地接受生活中的一切变化，对人事物有了更多的接纳，那便是心灵走向自由的迹象。考验不会因此减少，但你看待它们的方式已截然不同。

恐惧本身并不可怕，可怕的是我们对它的逃避与抗拒。所有的恐惧加在一起，终究不及惯性的恐惧本身对我们的伤害。我们可以通过写日记等方式回忆和梳理恐惧的逻辑性，要明白一点，那就是："过往我们恐惧的事情，不可能再对我们有任何伤害了！"

只有接纳自己曾经的情绪，才能将自己从无数恐惧的阴影中解放出来，实现心灵的自由与宁静。

2.2

— 愤怒 —

用愤怒作战衣，即使战胜了全世界，也永远不能战胜你内心的脆弱

有时候，愤怒像是一道防线，冲在我们心灵的最前端，抵挡着那些令人不安的触碰。然而，当你无数次因为小事发火，把无辜的人推开，甚至在夜深人静时被一阵怒气唤醒时，是否曾疑惑：我到底在气什么？

也许，你会责怪外界的一切：工作的压力、亲密关系中的摩擦、不合你意的日常琐事……然而，这些真的是你愤怒的源头吗？

仔细想想，愤怒的背后并不是你的敌人，而是你一直想要保护的那个曾经受过伤的自己。内心真正的痛苦被一层层

火气包裹，直到几乎连自己都看不见。

当你一次次披上愤怒的战衣，用咄咄逼人的话语将他人击退，内心那个“受伤的小孩”却依然在那里，渴望一种更深层次的平和与理解。穿上愤怒的铠甲，是为了保护自己，但同时也将心灵封锁在不安的囚牢中，孤独且惶恐。

在心理学中，愤怒是一种自我保护的机制，是在感觉到自己可能会受伤时的自然反应。就像小动物遇到威胁时，会将毛发竖起，试图显得更凶猛，以吓退敌人。我们之所以急于披上愤怒的战衣，是因为害怕自己那颗柔软的心会再次受伤。

愤怒的根源：年幼时的记忆与伤痕

愤怒并非与生俱来，它往往是童年中那些深刻记忆留下的痕迹。试想一个小孩从小生活在责骂、打击和苛责中，对他而言，家不再是安全的港湾，而是一种挥之不去的恐惧来源。他渐渐学会了用愤怒来防备外界，也学会了用愤怒保护自己内心那一点微弱的光亮。

成年后，愤怒成了他的一部分，是一种能迅速调动起来的条件反射，仿佛在向他人宣告：“不要靠近我！”可愤怒并不能让他真正强大，反而会让他感到疲惫。因为在愤怒的余温散去后，孤独依然围绕着他，仿佛一条无声的河流。

当我们习惯于用愤怒包裹自己，就像给受伤的心灵涂上了一层沙砾做的保护膜，粗糙而无效。愤怒并不会让痛苦消散，它只能短暂地掩盖住痛苦，终会在某个时刻被痛苦反噬。

愤怒并不能真正地保护我们，它只能将我们包裹得更紧，以至于失去了与温暖世界的连接。它带来的，终究只是与真实自我的隔阂。

不再需要愤怒作为防御手段：柔软与温和的力量

当我们真正获得内心的平静时，愤怒作为一种防御手段便会变得可有可无。真正强大的人，不会轻易动怒，因为他们的内心没有未解的伤痛，也无须用愤怒来武装自己。当一个人内心平和，便能温柔而坚定地面对世事，不需要时刻披上盔甲。

要获得这种平和，我们首先要学会接纳自己的脆弱。接纳自己的脆弱，并不意味着示弱，而是要看到自己内在的柔软与伤痕，慢慢地将愤怒化为平和。

当我们用温柔的眼光去审视自己，就不再需要用愤怒去抵挡外界的风雨，因为我们终于有了那种安稳的力量。这份平和来自一种深层的确认。

确认自己足够好，也足够安全。即使遇到难解的纠缠，我们也能以从容的心态去接纳，因为知道所有的经历都是必然的成长。

在许多家庭中，愤怒就像一种代代相传的情绪模式，在无意识中延续下来。父母若用愤怒对待孩子，孩子长大后便可能将愤怒作为与世界对抗的武器。这样的愤怒并不是与生俱来的，而是逐渐拷贝下来的，是一种无意识的家族传承。

但愤怒并不是一定要一代代传下去的。当我们停下来，意识到可以用别的方式来回应情绪时，愤怒的循环就开始松动了。

就像有位客户，原本因为孩子不听话快要发火，但在那一刻，她停下来，心里对自己说：“也许我可以用别的方式跟他说。”她的这个选择不仅让自己平静了下来，也让孩子看到了愤怒以外的可能性。就在这瞬间，愤怒的枷锁被解开，平和的暖意穿透了积压的情绪。

从愤怒到和解：拥抱内心的平和

要放下愤怒，我们需要学会与内心的脆弱和解。愤怒不能战胜世界，更不能战胜内心的伤痛。我们唯有看到愤怒背后的那个受伤的自己，带着包容与温柔去理解他，我们才会发现愤怒是多么不必要。

放下愤怒，让自己内心的伤痕在温和的目光中慢慢痊愈，最终支撑我们的是内心深处的那份平和，而不是愤怒。当我们被理解、被接纳后，会发现愤怒的战衣早已没有必要。

真正的强大，不是用愤怒去抵挡世界，而是用安静、温和的力量去拥抱每一个当下。

愤怒就此消散，内心生出一个声音，对自己轻声道："我已经足够安全，足够柔软，足够安宁。"

2.3

— 压抑 —

翠绿高山与未爆火山都没有火焰，内里却是两个世界

我们常常看见有的山峰安静而稳重地矗立在那里，仿佛是一片绝对的宁静。然而许多山外表平和，内里却孕育着火山，炽热的岩浆深藏地下，时刻准备喷发。

这种景象，就像我们每个人的内心状态，表面维持着冷静和理智，内在却可能积蓄着许多未被释放的情绪。我们的身体是情绪的晴雨表，一个人的身体往往会透露出他内心的真实状态，即便外表看似平和，压抑的情绪总会在身体上显露出来。

许多人选择压抑情绪，似乎只要看起来冷静，内心便会如山一般安然。面对挫折微笑，遇到愤怒隐忍，不轻易流

露悲伤，尽量表现得“从容大度”。可压抑情绪并不等于内心平静，而是将真实的感受暂时封存起来。看似没有火焰的山，其实内里已在暗暗积聚能量，而这种积聚会让人心疲惫，影响身体健康。

身体从不说谎。一个人的身体状况，往往是情绪的真实映射。身体的不同部位对应着情绪的不同出口。

肩膀酸痛往往与承担过多的责任和压力有关；

喉咙不适可能意味着存在未能表达出的心声；

胃部不适常常是因为对某些环境或人际关系的不适应。

这些信号就像情绪的地图，提醒我们去关注那些未被处理的内心感受。

我们从身体地图中找出情绪的源头，重新检视压抑的能量，深入探索压抑的逻辑性，用理性的头脑做梳理。例如，有人压抑表达能量，导致喉咙常常不适，我们便要找出他想表达的部分，尽量让他学会在适当的环境下平稳地表达他的感受，当能量被释放，便不再有压抑。

曾有一位来访者，看上去光鲜亮丽，事业做得挺顺利，她自己也觉得一切都挺好的。她常挂在嘴边的一句话就是“我没啥事啊，挺好的”。

但她的身体却不这么认为。她经常偏头痛，失眠成了常态，胃也时不时地隐隐作痛。她以为这些是小问题，偶尔吃点药、放松放松就好了，根本没往情绪上想。

直到有一次，我同她聊起她最近的状态，我问她："你不觉得这些小病小痛，也许和你心里的一些事有关吗？"她一下愣住了，开始回顾自己的生活。其实，她平日总是"稳得住"，什么情绪都压着，可是心里的压力、失落根本没地方去，久而久之，全憋在心里。表面上没事，但这些情绪成了"哑火"，直接作用在她的身体上。

身体的每一个反应，都是内在情绪的"地图"，提醒我们去关注那些未被处理的内心感受。

情绪不仅会影响身体，还会投射到我们的生活环境中。压抑情绪的人，生活中往往会出现种种小挫折，比如人际关系紧张或是工作中发生摩擦。

这些外部的矛盾，其实是内心情绪的外化。一个人内在的情绪磁场会在周围环境中反映出来。内心和谐的人通常能吸引顺畅的关系和体验，而那些习惯压抑情绪的人，内心的不安会导致种种摩擦时刻伴随着自己。我们的内心有什么样的频率，就会有什么样的回馈。

辨别一个人是真平静还是假平静，通常可以从动作、神态、行为和生活境遇中找到蛛丝马迹。真平静是一种内心的和谐，是自然流露出的状态；而假平静则是靠压抑情绪强行维持平衡。

那些内心真正平和的人，眼神沉稳，言行从容，不急不躁，他们不会强行掩盖情绪，而是自然地表达感受；而假平静的人，尽管外表装作冷静，身体却常常会在慢性疲劳、情绪波动、突然的不适中透露出真相。

身体健康的人内心往往也是健康的，情绪的波动起伏能自如地转化。压抑情绪的人，身体承受内在的压力，最终会表现出种种症状——那种平静仅仅是表面的、暂时的。

压抑的情绪如同火山岩浆，深藏却从未平息。要让压抑的情绪得到真正的释放，首先需要建立一个与自己对话的空间，找到能让情绪流动的方式。情绪的释放不仅限于激烈地发泄情绪，还包括以自然的方式表达感受。比如，写日记、听音乐、散步、冥想，这些细微的自我关照都能让我们接触到内心的情绪。

此外，我们还可以通过观察身体的反应来了解自己的情绪。当身体出现不适时，不妨问问自己：是不是有某种情绪没有被正视？是不是有某些感受被压抑了？当我们不再排斥情绪，而是接纳它们，内心的平和就会随之而来。身体的每一个信号都是情绪的反馈，只有让情绪自然流动，内心才能找到真正的安宁。

我们每个人心里都有一座火山，火山的存在是为了提醒我们：生命本身带有强大的情感力量。压抑情绪就像封住火山口，不仅难以持久，还会让内心更加疲惫。

可以通过冥想、打太极拳等传统方式来调节情绪。让情绪自然流动，让情感得到表达，生活才能走向真正的平静。

真正的平静不是装出来的，是理解情绪、尊重内心之后的自然流露。

2.4

—“不够好”—

你坚信自己不够好、不配得，很成功地否定了自己

你有没有想过，自己一直在用一种强大的力量去坚定地相信“我不配得”？这股力量仿佛一根看不见的绳索，紧紧缠绕着你，让你在每一个你本该拥有的突破，停止了前进。

你用尽全力去证明自己不值得拥有幸福，不值得被爱，不值得得到任何成功与美好。这种信念，比任何外在的阻力都要沉重，因为它是你内心的深刻选择，是你在不知不觉中赋予自己的命运。

你是否曾在无数次的自我否定中告诉自己“我不配得这份爱，我不配得到这份幸运，我不配走向自己想要的未来”？

在面临机会时，习惯性地退缩，潜意识里认为自己不配得到最好的，甚至全然相信：自己注定无法得到别人的认可，无法得到内心渴望的一切。

这种信念，慢慢变成了你生活的一部分，像一座看不见的山，压在你心里，让你喘不过气来。你坚信自己不配得，也因此一直默默地把幸福拒之门外。你不再去追求那些你心底渴望的东西，因为你认为自己不配。你用最大的力气去坚信这一点，仿佛这已成为你生活的真理。

可是，这种坚信其实并非你与生俱来的本能，而是你在成长过程中习得的，很多时候甚至是一种误解。我们在童年时期心智较为弱小，往往会误信很多不合逻辑的暗示。其实成年后的我们绝对具备更高的心智和能力去纠正这些谬误。本书中也详细阐述了各种心因对我们的无形制约。

你不配得的力量，其实是你自己赋予的，你完全有能力也有力量改变它。你不必再继续用这种力量去坚信自己不够好、不配得，你完全可以选择用相同的力量重新定义自己，并相信自己值得拥有所有美好的事物。

“我不配得”这股力量，比任何外部的挑战都更有破坏性，它深植于内心深处。你觉得，自己与幸福、成功的距离太远，自己永远无法达到别人的标准，永远无法得到自己想要的一切。

这就是自我否定的力量，把你束缚在一个看不见的牢笼中，不敢向外突破。你用力将自己限制在一个小小的空间里，拒绝了所有的好。你似乎认为，自己的不足、自己的缺陷，会决定自己的人生轨迹。

你可能不知道，每一次你坚信自己不配得的时候，其实是在用一股巨大的力量去排斥你本该拥有的好。你本可以用这股力量为自己开辟一条新路，创造一个更加光明的未来，而不是用它来为自己的局限找借口。有无数的可能性等待着你去挖掘，而你却用这股不配得的力量，为自己筑起一道无形的墙。

转折的关键就在于放下“我不配得”的信念，相信自己有能力去改变，有资格去拥抱梦想。

如果你曾经用那么大的力量去坚信“我不配得”，那你也完全可以用同样的力量去打破这个信念。每天大声告诉自己“我配得”。

你有足够的力量去拥抱自己的优点与不足，去接纳自己的不完美，去接受那个真实的自己。你有力量去摒弃那些错误的观念，重新站起来，用坚定的目光去看待未来。

你并不比别人差，也不比任何人不配得。你和别人一样，拥有平等的权利去追求幸福，去接受爱与成就。你能成就自己想要的一切，前提是你相信自己有能力做到。你不需要再用不配得的力量否定自己，而是该用这股力量支持自己，为自己的未来开辟新天地。

如果此时此刻，你感到一种微妙的触动，或许你可以拿起笔，写下自己心中的声音；写下你为何长期坚信自己不配得；写下这些不配得的信念是如何一点一点渗透进你的生活，成为你人生的一部分；写下你一直想对自己说的那些话；写下那些你认为自己无法突破的局限。

你曾经因为不配得而错过了什么？

如果不再将“不配得”作为你的信念，你会如何定义自己的人生？

你会如何把力量用在真正值得的地方，去实现你自己想要的人生？

写下这些问题后，或许你能找到一个全新的方向，重新认识自己，从内心深处破除那个深深植入心底的“不配得”。

你不需要再相信“我不配得”，因为你已经拥有了所有的力量，去改变你的生活，去创造属于你自己的未来。你配得上所有的幸福、爱和成功，这并不是遥不可及的梦想，而是你内心深处应得的实实在在的存在。你只需要相信自己，用你曾经用来坚信“我不配得”的力量，为自己开辟一条新路，迎接未来。

大卫·科波菲尔出生于贫穷的外来移民家庭，他从小腼腆内向，学习成绩差，被大家认为是笨蛋，伙伴们嘲笑他，邻居们也觉得他将来注定一事无成，学校甚至考虑劝他退学。但在父亲的引导下，他意识到学业不成功不代表其他方面不能成功。他对魔术具有浓厚的兴趣，于是他努力学习，最终成为大名鼎鼎的魔术师。

你不需要再继续做那个打压自己的“成功否定者”，你可以勇敢地拥抱自我，接受美好，相信自己值得拥有一切。

你配得所有美好，因为你本来就值得。

2.5

— 不安全 —
即使你拥有了全世界，你也会觉得银河系很危险

世界上最危险的地方，可能并不是暴风骤雨的海面上，也不是战争和军事冲突频繁发生的边境地区，而是你的内心世界。一个人拥有了看似一切的物质与成功，内心却依然感到不宁静、不安稳，我们不得不问：这到底是为什么？

我们常常听到这样的话："如果我拥有了财富、地位、爱人，甚至整个世界，一切我都能拥有，那我就能安心了。"这似乎是一种普遍的愿望。大家不断地追求外部的丰盈与满足，以填补内心的空缺。然而，即便有了这些，内心的空洞依然存在，甚至变得更加明显。

无论手中拥有多少财富，内心总有一种无法填补的空

缺，那种缺失感微妙而隐秘，仿佛永远有一股无形的力量，悄然紧随其后。许多人拥有金钱、权力与名声，却依然无法摆脱内心的不安，仿佛世间的繁华背后藏匿着无尽的危机和不确定。

从心理学和生物学的角度来看，物质的满足感总是短暂的，而内心的满足却持久而深沉。这背后有一套复杂而有趣的机制，恰如“享乐适应”理论所描述的那样。

最初拥有一件心仪之物时，大脑会产生强烈的愉悦感，短暂的满足让我们陶醉。然而，随着时间的流逝，这份激动逐渐褪色，新的物品不再能带来惊喜与满足——人类的心理总是能快速适应环境，将已得之物视为理所当然，不停追寻新的刺激。

而心灵的满足感来自内在的追求：自我实现、帮助他人、获得知识。这些活动激活了大脑中更高层次的区域，带来的是持久且深刻的成就感，而非短暂的物质刺激。完成挑战或帮助他人时，我们感受到的满足，随着时间的推移愈加深刻，因为它与我们的内在价值观紧密相连，能赋予生命真正的意义。

而心灵的空缺，往往源自无法言说的缺失。比如，一个从小缺乏父爱的女孩，内心总有一个无法填补的空洞，哪怕身边有许多男性朋友，那份缺失也始终无法弥补。

这是一种能量上的缺乏，超出了具体的物质或行为层面。她的内心似乎永远缺失着某种支持和力量，那种能让她感到被理解、被照顾、被真正接纳的情感支持。

即使她拥有许多，也依然会感到不安。这种不安，不仅仅是情感上的空虚，它深深地影响着她对世界的看法、她的关系、她的未来，甚至是她的自我认同。

情感上的不安全感是最常见的，但它的表现形式却各不相同。有人以愤怒回应这种不安，有人则通过回避或封闭自己来寻求安全感。

愤怒成了一种反射性的情感，它的出现源于内心的不安全感。然而，愤怒本身并不能带来真正的安全感。它也只是一种表面的回应，背后依旧是对失去控制的深深恐惧。

另一方面，那些人因内心缺乏某种情感或认知的延伸，从而产生了不安全感。他们可能通过无休止的购物、消费来弥补自己的空缺。例如，有些人可能小时候没有玩具，家里贫困，未曾体验过拥有玩具的快乐。长大后，经济条件改善了，他们便开始疯狂购买各种玩具，甚至租一个仓库来储存它们。这种行为，往往是为了填补内心的那份空虚和未曾满足的欲望，虽然看起来他们已拥有了一切，但他们依然没有找到内心的平静。

这种从“拥有”到“空虚”的转变，反映了深层次的不安全感。即使拥有了满满一仓库的玩具，他们依然觉得缺少了什么。没有什么能真正填补那种情感上的匮乏。这种不安全感，最终还是源于内心深处的缺乏，无法通过外部的物质或关系来真正解决。

为什么我们总是在不断地追求更多？是因为我们真的需要这些东西，还是因为内心的缺乏驱使着我们不停地索取？欲望，好像永远都没有尽头。无论你得到什么，总会发现缺少了什么。没有任何东西能真正让你安稳下来，除非你找到内心的平和与安定。

那么，如何才能从这种缺乏的循环中跳出来？如何才能找到内心的安全感呢？

我们要承认并面对自己内心的缺乏，而不是通过外部的物质去填补这些空缺。只有意识到自己内心的真实需要是什么，才能找到解决办法。

其实，你从未真正拥有过任何东西。当下你所能体验到的物质世界，皆为借来之物，是从宇宙系统中暂借予你使用一段时间。其目的在于让你从中体验并学习，借由集体意识创造新的能量值，实现更高层次的智慧贡献。

所以，我们要学会珍惜当下，放下那些不必要的追逐。人生中的每一份拥有都是暂时的。无论我们拥有多少财富和物质，最终我们都要面对内心更高层次的需求。而这种需求，不是通过外部的东西能解决的。

接下来请你写下来：

你自己内心情感上的缺乏是什么？

你现在采取什么机制来填补内心的缺乏感？

你生活上真的有缺乏吗？

如果没有，就不要再被虚无的不安全感和缺乏感绑架了你的人生！

也许，我们每个人都在不同的层面上经历着这种“不安全感”，但是通过认识自己，面对内心的需求，我们有可能找到真正的平安与满足。而这个过程，也许就是生命中最深刻的体验和智慧。

第三章

打破内心

的束缚与防御

3.1

— 入口 —

你所讨厌的一切，都是拯救心灵的秘道

人生中，总有些事让人避之不及。被人批评后，心里愤愤不平；看到别人漫不经心的态度，气得想说教；甚至生活中的琐事，像堵车、被服务员怠慢，也能轻易点燃你的情绪。

我们常以为讨厌的事情是外部的麻烦，越少碰到越好。可实际上，这些让你讨厌的事，正是通往你心灵的秘道。

这种说法听起来不可思议，但深究下去，你会发现，它们指向的是你内心深处被忽略的部分。讨厌不是外来的敌人，而是内心敲响的警钟，它在提醒你：这里有未被处理的情感、未被看见的伤痛。如果你能直面这些讨厌的事，把它

们拆解开，与内心对话，你将找到成长的答案。

当你下次对某件事感到厌恶时，停下来，问问自己："我为什么讨厌呢？"这个简单的问题，是打开密道的第一步。

比如，你可能讨厌被别人批评。当上司指出你的不足时，你表面笑着点头，但心里早已翻江倒海，甚至晚上还在生气："他凭什么这么挑剔？我哪里做得不好了！"

这种讨厌不是偶然的。问问自己："为什么被批评会让我这么不舒服？"往深处看，你可能会发现：批评之所以让你讨厌，是因为它击中了你对"不够好"的恐惧。

这种恐惧背后，或许藏着你小时候的某段经历。也许是家人对你要求过高，让你总觉得必须完美；也许是某次被老师当众责备，让你感到无助。

这就是讨厌的本质：它是情绪的引子，触发了你内心未解的伤口。你不是讨厌批评本身，而是讨厌它带来的羞耻感、脆弱感等负面情绪的记忆。

当你意识到自己为什么讨厌一件事时，问题的雏形已经出现。下一步是拆解它，就像把一块压得你喘不过气的大石头分解成可处理的小石块。

日常生活中其实有很多不同类型的讨厌情绪案例，如讨厌社交场合、讨厌某种颜色、讨厌特定的声音等，涵盖生活的各个方面，我们以“讨厌被批评”为例，可以试着把它拆解成以下小块。

具体事件：最近一次让我讨厌的批评是什么？上司说了什么让我觉得刺耳？

情绪反应：听到批评后，我的第一反应是什么？生气？难过？不安？

深层原因：为什么批评让我感到如此不舒服？这是不是和小时候某段经历有关？

事实核对：小时候的不愉快经历是个别事件，与这刻根本没有关联性！上司的批评是否真的全盘否定了我？有没有可能，他只是针对我的工作，而不是针对我的人？

应对策略：先梳理小时候受伤害的脆弱心灵，可以静心重复告诉自己，那段经历不可能重复伤害你！重复梳理后，当你下次遇见批评的时候，你的负面感受会被淡化，这就是成功突破心理阴影的第一步。

当你把“讨厌被批评”这样看似庞大的问题分解成具体的小部分，你会发现它其实没那么复杂。而且，每一个小部分背后，都隐藏着你和自己对话的契机。

拆解后，最重要的一步是与自己的内心对话。它就像一场自我疗愈的谈话，帮助你更深入地理解自己。

以下是一个对话的范例，围绕“讨厌被批评”展开。

你：我为什么这么讨厌被批评？

内心的声音：因为批评让我觉得自己不够好，觉得自己被否定了。

你：我真的不够好吗？

内心的声音：其实未必。但从小到大，我总是担心被别人看到我的不足。小时候每次被批评，都觉得自己很丢脸，很没用。

你：原来是小时候的经历让我对批评特别敏感。那么现在的我，还用这么害怕批评吗？

内心的声音：也许不用了。我已经不是那个无力保护自己的小孩了。现在的批评，更多是对我的工作提出正向意见，而不是在否定我的人。

通过这样的对话，你开始理解：你的情绪来源于过去未解的伤痛，而不是当下的事实本身。

这时，你可能会产生一种释然的感觉，甚至会感谢讨厌的事物，因为它让你发现了这些被忽略的角落。

当你完成内心对话后，你需要做的一件事，是学会和过去和解。

对小时候的自己说一句：“你已经尽力了。”

对曾经的批评者说一句：“那时的他们，可能也在用他们的方式表达关心。”

对现在的自己说一句：“你已经长大，有足够的力量面对这些了。”

和解并不意味着美化过去，而是接受曾经的经历，并意识到它们不再决定你的现在。和解让你重新定义那些讨厌的事，把它们从你的对手变成你的老师。

当你学会拆解、对话、和解后，你会发现，那些让你讨厌的事，实际上提供了心灵成长的入口。它们带领你走进内心那条暗淡的密道，照亮曾经被忽略的地方。

以往，你可能会花很多力气躲避讨厌的事情。但现在，你可以用一种新的态度来看待它们。当讨厌出现时，不妨这样告诉自己：

“这是一个入口。”

“它让我看到我内心的某个部分。”

“如果我能面对它，我就能更好地理解和成长。”

举个例子：当你再次被批评时，试着停下来，把情绪放到一边，和自己对话。

“这次批评让我生气，但它让我看到了自己对‘完美’的执着。”

“如果我能接受自己并不那么完美，容许这份觉察成为我成长的养分，那么这样的批评就不会对我造成这么大的影响。”

当你学会用这样的方式处理其他你感觉讨厌的事情时，你会发现你的内心变得越来越强大，而那些让你头疼的问题，也会慢慢失去它们的杀伤力。

讨厌的事情就像一种良药。刚开始闻起来刺鼻，尝起来苦涩，但当你愿意接受它、消化它，它却能滋养你的心灵，让你变得更成熟、更完整。

下次再遇到让你讨厌的事时，试着停下来问自己：

“它触动了我什么？”

“我和它对话后，能学到什么？”

“它是否让我看到了一个成长的契机？”

讨厌并不可怕，可怕的是我们拒绝面对它。它是你心灵成长的密道，更是你自我拯救的入口。

愿你用勇气直面讨厌，用智慧拆解它，用对话疗愈它。在这条探寻的旅程中，你终会发现：你讨厌的一切，正在以另一种方式，成为你灵魂的养料。

3.2

— 防御 —

城墙那么高，你错过了外面多少风景

很多时候，我们想表达一个想法，却最终咽了下去，怕被误解；想做一件心仪已久的事，却在心里反复盘算风险，最终放弃；甚至只是想与某个人靠近，却因为怕被拒绝，装出冷漠疏离的模样。

我们每个人都在生活中悄悄筑起了一道看不见的城墙。它可能源自一次不成功的尝试，或者某段受伤的经历，甚至只是来自对未来某种莫名的恐惧。

这道墙高高矗立，像一座堡垒，仿佛保护着我们免受外界的侵扰。但久而久之，我们渐渐发现，它不仅隔绝了风险，也隔绝了阳光和微风，甚至封闭了通向美好风景的路。

城墙让我们觉得安全，却也让我们失去了很多。那些未曾触及的可能性，未曾体验的未知，未曾邂逅的关系，就这样被我们亲手关在了门外。

城墙的砖块从哪里来？

是小时候第一次被拒绝时心底的刺痛，是失败后嘲笑的目光，是我们对自我的怀疑和对未知的恐惧。我们用这些负面的经历一点点堆砌起防御的壁垒，告诉自己："这里安全，我再也不想冒险受伤了。"

可是，当我们把自己隔离起来时，是否也放弃了很多可能性？城墙的确为我们挡住了风雨，但它也隔绝了阳光和微风。

我的一位咨询客户，她二十几岁时一直梦想创业，却因为害怕失败而选择"安全"的工作。到了三十岁，她突然意识到，那些最有活力和潜力的时光已悄然溜走，而梦想也因岁月的沉淀变得遥不可及。回首那些年，她的努力都用来筑造高墙，而不是迈出一步。她的高墙，保护了她，也囚禁了她。

事实上，我们每个人都或多或少在生活的某些时刻，为自己筑起了城墙。我们害怕面对批评，于是不再尝试新的东西；害怕被拒绝，于是远离亲密关系；害怕失败，于是将自己的梦想束之高阁。

我们把这些退缩美化为“稳妥”，以为自己选择了安全的路，却没有意识到，这条路的代价是停滞、孤立，以及对无限可能性的彻底封闭。

归根结底，内心的防御来自我们的脆弱。

那是一种不愿被外界看见、不想被触碰的敏感角落。就像有的人在关系中害怕被拒绝，所以永远不主动；有的人面对机会总是犹豫不决，因为内心深处对失败的恐惧比任何东西都更深刻。我们不愿承认自己害怕，因为承认害怕本身就是一种脆弱。

但越是不肯面对脆弱，我们就越会为它花费更多的力气。我们用防御来隐藏真实的情感，用冷漠来掩盖内心的渴望，用逃避来代替直面困难。可是，这种用错力气的方式，真的能让我们强大吗？

试想，如果你生活在一座高墙环绕的城堡中，尽管里面的一切看似安然无恙，但你的视野被完全限制住了。没有外界的风景，没有新的体验，更没有成长的可能。心理的防御墙亦是如此。

它给我们提供的安全感是短暂的，却剥夺了我们生命中最重要的东西：发现、探索和改变。

要走出心理的城墙，并不意味着我们要彻底抛弃所有的防御。真正的成长，是学会接纳自己的脆弱，认识到它的存在，但不被它主宰。

有人说，人生最宝贵的东西，不是财富，不是地位，而是那些我们曾勇敢追寻的可能性。防御或许能让我们感到一时的安全，但当我们真的降下它，迎接风雨时，才能发现生命真正的乐趣和意义。

我们每个人都有迈出这一步的机会。那些城墙外的风景，也许不全是鲜花盛开的春天，可能有风有雨，有荆棘和泥泞，但它们的价值，远远超过了“安全”本身。

生命中最可怕的事情，并不是失败，而是我们从未尝试，永远被困在高墙之内。如果我们愿意从一小块砖开始，拆下自己的防御，世界的风景将向我们敞开。

今天，不妨问问自己：你是否愿意降下一块砖，让风进来？

我们由一小步开始，可以每天为自己做一个新的选择，因为新的选择可以为我们的生命带来新的心灵能量，由一小撷新的能量开始，凝聚更大的生命动能！

如果你需要更大的勇气，可以先进行冥想练习，在冥想中想象自己做出了一些突破性的选择，作为心灵的彩排，这样也会为自己积累能量，更快做出突破！

我有一个客户，他过往的数十年人生都非常固化，每天都在特定的规律中生活，导致他很难与别人沟通，严重影响社交，我给他调频及提建议后，他尝试了一次震惊家人的举动：吃了一块牛肉干！看似普通的事情，对他来说却是数十年来的一个突破！

你是否也愿意来一块“牛肉干”呢？

3.3

— 完美 —

完美没有标准，你的焦虑是无尽的

有时，我们会陷入一种深深的焦虑，焦虑自己还不够好，不够成功，还没达到某种“完美”。

这份焦虑无处不在：它在清晨的镜子里提醒你，在深夜的枕边缠绕你，甚至在热闹的聚会里也会悄然出现，让你在众人间莫名地感到孤独和不安。仿佛总有一份遥不可及的“完美”在呼唤着你去追逐，而你却始终感到力不从心。

可我们有没有停下来想过，这个所谓的“完美”究竟是什么？它真的存在吗？

完美：你以为的终点，其实是幻象

我们总觉得，完美是人生的某种巅峰状态：事业成功、家庭幸福、身体健康、内心平和。我们渴望这种“完美”的时刻，希望它能让我们拥有一种真正的安全感和成就感。可是，完美有标准吗？它真的有一个固定的模样吗？

完美其实是一个模糊的概念。它的标准是漂浮不定的，会随着外界环境的变化而不断调整。当你追求完美时，实际上你是在追逐水中月，看似近在咫尺，实则遥不可及。

比如，学生时代你以为考上名校是完美，工作后你觉得事业成功才算完美，等事业有了起色，你又觉得拥有幸福的家庭才算完美。这个过程没有终点，只有不断叠加的焦虑。

所以，完美并不是一个清晰的目标，更像是你对最好状态的一种幻想。它并不稳定，也从未固定。你以为完美能带来解脱，但实际上，它往往是焦虑的起点。

完美不仅没有标准，它甚至并不真实。很多时候，我们对于“完美”的理解，其实只是被外界的表象蒙蔽了双眼。你看到朋友事业有成，羡慕他的光鲜亮丽；你看社交媒体上他人的幸福生活，觉得自己的日子黯淡无光；你看成功人士的励志故事，觉得自己不够努力。

这些“完美”是真的吗

那位事业成功的人，可能也为工作焦头烂额，付出过你无法想象的代价；那张朋友圈里精致的旅行照，背后可能是精心挑选和修图的结果；那些“人生赢家”，也许正在经历你看不到的痛苦，你看到的只是表象。

更可怕的是，我们用别人的表象来定义自己的价值。别人有的东西我没有，我就不够好；别人达到的高度我没达到，我就失败了。这种比较，会让我们不断陷入“不够好”的负面循环，最终的结果是：你越来越焦虑，却始终得不到内心的满足。

其实，我们看到的所有“完美”，背后都隐藏着不完美。

所谓的成功，本质上就是一次次不完美叠加起来的结果。马斯克能成功发射火箭，是因为他经历了无数次失败的试验；名校学子能拿到理想的成绩，是因为他们付出了努力；被人羡慕的婚姻，也是在彼此的摩擦与妥协中磨合出来的。

完美从来不是凭空出现的。如果你不允许自己有很多不完美的时刻，你的完美又怎么可能会来？

问题在于我们对不完美的态度。我们习惯把错误看作“不应该发生的事情”，把失败等同于一种否定，而不是成长路上的一块基石。难道我们要一直被虚幻的完美牵着鼻子走吗？难道我们不能正视不完美，从中汲取成长的力量吗？如果没有那些错误、试探和修正，所谓的“完美”又从何而来？

焦虑是追求完美时的副产品，是能量的消耗。你是不是经常这样想：“我为什么没做到？”“为什么别人可以，而我不行？”这样的想法会让你停留在自我怀疑和懊悔里，把本该用来行动的时间和精力全部浪费在负面的情绪中。

更糟糕的是，我们常常觉得自己需要等到“完美的时刻”再开始行动。我们会对自己说：“等我准备好了，等一切条件都成熟了，我再去尝试。”可是，完美的时刻永远不会到来。你只有在行动中才能不断去修正和完善，而不是等待所有问题都解决后再开始行动。

成功的人也会焦虑，但他们知道如何把焦虑转化为行动。他们不会把时间浪费在“我为什么失败了”的纠结里，而是把焦点放在“我还能做什么？我能从中学到什么？”上。这就是行动和停滞的区别，也是成功和失败的分水岭。

我们害怕不完美，总觉得它是错的。可事实是，每一个错误，都有它的学习价值。如果只看到错误本身，而忽略了它背后蕴藏的成长机会，那才是真正的浪费。

在日本的传统美学里，有一个叫“侘寂”的理念。它强调，不完美、不完整、不永恒，才是事物的本质之美。比如，一只裂了缝的陶碗用金漆修补后，这条裂缝反而成了它独特的美感所在。人生何尝不是如此？每一个错误、每一次失败，都会让你的人生变得更真实、更独特。

与其用别人的完美来定义自己，不如回过头问问自己：我为何不去享受每一刻？

完美并不是一个静止的终点，而是动态旅程的每一刻！

从能量科学的角度来说，我们每一刻的展现，都是当下我们能量状态的完美投射，在这个逻辑下，你的人生每一刻都蕴含着你个人的完美性。所以我们该抱有的态度是：品味每一刻，享受每一刻，让这一刻成为下一刻完美的养分。

享受旅程的每一刻，焦虑自然会消散，我们才会活得自在。

可以制定一份“一刻的完美清单”，将大目标分解为小步骤，允许自己在每个小步骤中学习并吸取经验，再推进到下一个小步骤，你会发现，生命从此有了更多色彩，每天都在享受。

3.4

— 控制 —

你把权杖压在胸口，不累吗

你有没有这样的时刻：一场聚会，气氛本来轻松愉快，但你却忍不住关注每个人的表情，担心是不是哪里安排得不好；工作进展顺利，可你还是觉得应该再检查一遍，确保没有任何纰漏；孩子在房间玩得安静，你却开始猜测是不是偷懒没做功课。

你习惯性地握紧生活的“权杖”，似乎只有这样，才不会有任何闪失。每一件小事，每一个人，都要在你的视线之内。你告诉自己：“不操心就会出问题，我得管。”可是，真的需要这样吗？

那种隐隐的疲惫感你知道吗？肩膀的酸痛，心脏的压迫，深夜反复的辗转难眠。

你以为是生活太难，其实是你对控制的执念让你难以轻松呼吸。

控制的本质，其实是对不可控的恐惧。我们试图用计划、规则和权力来安排一切，以此对抗生活中的不确定性。然而，这种控制往往只是一种安全感的错觉。

生活从不完全按照我们的计划发展。越是执着于控制，就越会发现，意外总会以我们无法预测的方式发生。孩子偶尔的叛逆、伴侣未经过深思的决定、团队中意料之外的疏忽，都会让你觉得整个局面正从手中滑落。为了把一切“拉回来”，你只能投入更多精力，但不确定性永远无法被彻底消除。

这就是控制的悖论：它看似能带来稳定，但实际上却不断消耗我们的能量，让我们变得越来越疲惫。

为什么我们总是想控制？答案很简单：害怕失控。我们害怕失控后可能带来的后果：失败、批评、伤害、不安全。这种害怕，很多时候源自我们的成长经历。

如果小时候曾因意外受到批评，或者在某些事情上经历过创伤，我们可能会形成一种信念：只有掌控一切，才能避免痛苦。于是，我们努力用控制的方式消除风险，把每件事情都安排得尽善尽美。

但这种信念忽视了一个重要事实：宇宙本身有一套游戏规则，比如日月星辰的运行轨迹、物理法则等，不同的玩家在这个规则中可以自由发挥，但也必然遵从这些不变的规律，如因果法则、吸引力法则等。

如果我们以个别玩家身份想操控所有其他玩家，就相当于用小我能量对抗大我的前行，这种对抗不仅会消耗我们的精力，还会让我们越来越感到孤立无援。

很多经典都提倡顺势而为，如道家的道法自然思想、庄子逍遥游的故事等，就是前人看破了宇宙与个人之间的能量互动效应，留给后人的智慧提示。

当你过度控制时，你会发现有一条无形的绳索，紧紧捆绑着我们的生活，让我们无法自由呼吸，生活变得越来越累，而身边的人也越来越疏远。

在家庭中，过多的干涉和安排，可能让孩子感到压抑，让伴侣感到无力。那些本应自然流动的亲密关系，因为控制变得生硬和紧张。而在职场中，控制欲强的人往往试图掌握每个细节，结果不仅让自己身心俱疲，也让团队缺乏成长的空间。

这种控制所带来的代价，不仅是精神上的压力，还包括身体上的损耗。长期的内耗会让你精疲力竭，甚至诱发各种健康问题，如焦虑、失眠等。控制看似能保护你，实际上却在一步步消耗你的能量。

要想从这种内耗中解脱，关键在于放下“控制的权杖”。放下并不是放弃，而是一种信任的选择：信任自己、信任他人、信任宇宙。

信任自己：告诉自己，你已经足够努力，已达到完美。偶尔的错误并不会毁掉生活，反而会成为你成长的契机。

信任他人：每个人都必然为自己的选择负责。即便结果与你的期待不同，也未必就是失败。学会给别人更多空间，是对关系的尊重。

信任宇宙：宇宙有它的节奏，很多事情并不能够去强求。就像种子在适宜的条件下自然会发芽，拔苗助长必然失败，你需要做的，只是以玩家身份提供创意及行动，而不是试图掌控每一步。

放松下来，顺势而为。

试着把权杖放下吧。那些让你焦虑的事情，或许并没有你想象得那么糟糕；那些你紧紧抓住的责任，也许并不需要你一个人承担。放下权杖，让它从胸口滑落，你会发现，原本压抑的呼吸重新变得轻松，原本紧绷的心终于可以舒展开来。

每天花点时间观察自然界，你会感受到自然界的智慧及美好，一花一草一山一水都遵从着宇宙的可控法则。从不断观察中，让你更相信顺应自然法则地活着必然是美好的。

人生的美好，从来不是来源于控制一切，而是来源于信任和顺应。当你学会放下控制，你会发现，生活从未如此轻盈，而真正的幸福，正是在你心口松开那一瞬间，悄然降临。

我有一位客户她是加拿大华裔，约见我的时候身体非常虚弱，验血报告证明她是重金属中毒，当时她的工作非常繁忙且压力巨大，在香港一家国际性的财务管理及审计公司任职，我除了帮她调频减轻身体压力，提升免疫力，也要了解她的生活态度，以便做出长远的修正。

我发现她在生活细节上非常有控制欲，凡事都要按计划而行，小到午餐地点、一天的行程、去购物的次序等，都必须按照她预先规划的方案进行，如果计划被打乱了，她就会感觉非常不安心，甚至会感到恐惧和焦虑。

可想而知，这样下来她的身体及心灵必然会遭受巨大压力，影响她自身的免疫能力。

由于她的学历背景是法律与一些商业的科目，对心灵情绪这一块不太了解，所以我也用了颇长时间为她解释能量、心灵、情绪与健康的关联性，为她树立了一些新的价值观。

帮她调频及填补这一块的认知后，她的人生悄然改变了，从此进入另一种更舒适、更自爱的生命状态。

以下是她写给我的文章。

我出生在中国香港，四岁时随家人移民到加拿大。我在多伦多长大，度过了快乐的童年。我住在一所大房子里，喜欢上学，还有许多朋友。童年最糟糕的回忆，是妈妈每天强迫我练习弹钢琴。她越是强迫催促，我就越讨厌弹钢琴。

妈妈觉得我很有潜力，她相信，即便我不喜欢，强迫我做一些事，能帮我发挥出潜力。14岁时，我拿到了钢琴十级证书，从那以后就再也没碰过钢琴。我的父母很严厉，希望子女能接受最好的教育，拥有最佳职业道路。似乎从我出生那一刻起，他们就为我规划好了人生轨迹。我觉得自己有责任按他们说的做，不管喜欢与否。

15岁时，我们全家搬回香港。刚到香港的头两年，我很不开心，因为这里的一切都与多伦多截然不同。我想念多伦多的朋友、简单的生活方式、友善朴实的人们、宽敞干净的空间，还有新鲜的空气。在香港一所国际学校完成高中学业后，父母希望我在香港的大学学习法律，尽管我对这个领域毫无兴趣，还是照做了。

我觉得自己别无选择，父母养育了我，我有责任让他们开心。学习法律7年，我先后获得了法学学士和硕士学位，这确实让父母非常高兴。而我觉得自己完成了学业上的责任，终于有机会做自己喜欢的事。在一个毫无兴趣的领域完成两个学位，这是一段漫长又充满挑战的旅程。我知道，如果余生继续从事法律工作，我会非常不开心。那样对自己太残忍了，所以我生平第一次在父母面前坚持自我，告诉他们我不想当律师。

他们非常难过，但我恳请他们给我三个月时间，让我找一份心仪的工作。那三个月里，我申请了100多个初级非法律岗位，收到很多拒绝回复，因为他们觉得我大材小用，而且我在这些领域既无教育背景，也无工作经验。这极具挑战性，但我没有放弃，因为我努力争取，只为能在自己选择的领域开启职业生涯。

幸运的是，一家招聘机构联系了我，提供了一份薪资不错的工作机会，公司录用了我。之后几年，我在中国香港和新加坡的金融服务行业从事区域营销工作。

快30岁时，我的很多朋友都结婚了，我也感受到来自父母的压力。然而，我面临一个巨大的难题，父母从未认可过我的任何一任男友，包括交往了10年的那位。即便我还深爱着他，最终还是不得不分手，因为我知道无法说服父母同意我们结婚。父母标准很高，要得到他们认可，我的男友或未来丈夫必须满足一系列特定条件，包括家庭背景、教育背景、职业和经济稳定等方面。由于父母催婚压力，我开始和一位同事约会，他符合父母清单上的所有条件。

父母似乎很喜欢他，交往两年后我们结婚了，尽管我心里明白，自己并非热烈地爱着他。父亲教导我，嫁给能提供经济支持的人，比嫁给自己爱的人更重要，因为感情可以慢慢培养。但对我来说，无论怎么努力，情况并非如此。结婚两年，我感觉自己就像被困在监狱里。我不开心，却看不到出路。我觉得离婚不是个选项，因为那会让父母崩溃，还会让他们丢脸，而面子对他们极为重要。

结婚两年后，我发现他出轨了，最终我们还是离婚了。父母很沮丧，但我无比感激命运给了我第二次机会，让我能过上自己选择的幸福生活。直到那时，我才开始完全掌控自己的生活，不再只为取悦父母做事。努力满足父母的期望让我疲惫不堪，因为我觉得无论怎么努力，他们总是期望更多，而我永远无法实现自己定义的幸福。

离婚后不久，我搬回香港，因为妈妈被诊断出患有乳腺癌，她还把生病归咎于我。我简直不敢相信她会怪我，我只是想过上幸福生活。她责怪我时，我心中的震惊和愧疚无法用言语表达，我哑口无言。

回到香港后，我加入了一家四大会计师事务所，在金融服务领域从事咨询和客户管理工作。我收入不错，大部分钱都花在了旅行和购物上。那时，我没觉得购物成瘾是个问题。我花大量金钱购买奢侈品牌的包包、衣服、鞋子和配饰，拥有数百件这类物品。现在回想起来，我的购物狂行为其实是一种病。

表面上我可能看起来很开心，但内心深处，我面临着严重且难以克服的难题。回到香港不久，我开始和交往过10年的男友约会，因为他是我一直唯一深爱且想在一起的人。我没告诉父母，因为我知道他们永远不会同意，这也是当时我生活中面临的关键问题之一。

大约两年后，我开始感觉身体不适。严重疲劳、头疼欲裂、心悸、四肢麻木、肌肉无力、短期失忆，还思绪纷乱。有时，我完全卧床不起，甚至得从床边爬到不远处的卫生间。我看了香港很多顶级医生，做了医生推荐的所有检查，结果却显示我非常健康。我不相信，因为我知道，如果真的健康，我不会感觉这么难受。有位医生甚至建议我去看精神科医生，因为我告诉他，尽管检查结果正常，但我确实感觉不舒服。我没有听从那位医生的建议去看精神科，因为我真的不相信自己有精神疾病。由于传统医生都无法帮我找出病因，我决定自己在网上搜索。我日夜研究了好几个月，却始终查不出具体患了什么病。我花了数万元买保健品，但似乎都没什么效果。我感到绝望，每天哭好几个小时，不停地问自己为什么这种事会发生在我身上，但显然这毫无用处。

有一天，我到楼顶晒太阳，做些轻微运动。我放声大哭，因为疼痛难忍，有那么一瞬间，我真想从楼上跳下去。但我没有，因为我是个斗士，不会轻易放弃。我不能不明不白地死去，一定要弄清楚让我痛苦的原因。于是，我没有跳楼，而是对着天空大喊："能不能告诉我，为什么我会这样？我到底怎么了？能不能指引我找到答案？求你了！"我从未如此绝望过。

我继续日夜研究，在向天空发问后不久的一天，我终于发现，自己是因为过度食用海鲜（尤其是三文鱼和金枪鱼）和受污染的中药，导致汞中毒。由于香港没有相关检测，我从美国订购了头发和尿液检测，结果证实我确实是汞中毒了。我回到那位建议我看精神科的医生那里，让他给我做血液检测，确认血液中汞含量是否过高。他不太愿意安排检测，因为需要把我的血样送到美国梅奥诊所的实验室才能出结果。但我坚持，他最终还是安排了。尽管检测结果证实我血液中的汞含量极高，他却告诉我，香港没有针对这种健康问题的治疗方法，也没有如我期望的那样给我提供任何建议。

我知道，除了自己，没人能帮我，所以我继续研究，寻找从体内排出汞的方法。我花了一大笔钱，购买美国整体医学医生和汞中毒患者推荐的各种保健品。在等待从美国寄来的保健品时，一个朋友建议我预约Elizabeth，看看她能否帮我。尽管那时我从未听说过能量疗愈或量子物理学，但还是决定预约Elizabeth，因为我觉得自己没什么可失去的，愿意尝试任何方法来摆脱这种极度痛苦的疾病。

第一次去见Elizabeth时，我不知道会发生什么，一直提醒自己要保持开放的心态，因为命运让我有机会见到她，一定有原因。我向她解释了我的健康状况，分享了我的人生故事。最初几次疗程，她为我做能量疗愈时，我没什么感觉，因为这些年我积累了太多身体、心理和情感上的障碍。从第四次疗程开始，治疗时我感到全身有刺痛和触电般的感觉，Elizabeth说这是个好迹象，说明我的障碍开始消除了。

在排汞过程中，我每周坚持治疗，有些时候，由于排汞极其痛苦，我甚至需要每天治疗，频繁的能量疗愈能减轻疼痛。最痛苦的排毒阶段持续了大约8个月，我永远感激Elizabeth陪在我身边，帮我度过了人生中最具挑战的时期。8个月结束时，我又做了一组血液、头发和尿液检测，结果显示我体内的汞含量降至正常范围，我如释重负。

我最初找Elizabeth主要是因为汞中毒问题，但很快我就意识到，她还在帮我解决其他难题，有些难题我甚至没意识到存在，或者觉得无法克服。比如，我之前没觉得购物成瘾是个大问题，直到我们发现，我用购物来填补或掩盖生活中的空虚和不开心。我生活中真正的不开心，源于父母不接受或不认可我和男友的关系。我非常爱我的父母，但我不想再为了取悦他们而牺牲和男友的感情，因为他过去是、现在仍然是我此生唯一想相伴的人。我记得告诉Elizabeth，要得到父母的认可不可能。然而，在持续的治疗过程中，我注意到父母对我和男友关系的态度有了积极变化。这简直是个奇迹，因为我真的从未想过会这样。虽然他们还没有完全认可或接受，但少了些拒绝，我就已经很满足了，对我来说，这已经是重大突破！

大约一年后，我告诉父母，我和男友计划结婚，然后搬到加拿大。他们虽没有表示赞同，但也没有反对，这在以前是无法想象的。在过去5年里，我和丈夫在加拿大过着简单幸福的生活。我们定期和仍住在中国香港的父母视频通话，我感觉他们现在已把我丈夫当作家人。生平第一次，父母告诉我，最重要的是我能真正开心。我喜极而泣，因为从未想过能听到父母说出这样的话。这么多年后，我终于觉得父母把我的幸福放在了首位。我从未想过、也不敢期待这一天会到来，但它真的来了。我曾希望并梦想这一天的到来，但总觉得太不现实。但我错了，惊喜往往在不经意间降临，事情的结果甚至比想象的还要好。我终于感到真正的幸福和自由！这一突破得益于持续的能量疗愈，它让我释放了内心的冲突和挣扎。一旦我的能量水平恢复到健康状态，我就能在外部环境，包括家庭问题上取得突破。

一个突破接着另一个突破。我不再想购物，所以戒了购物。我卖掉了99%的奢侈品牌物品，因为不再需要它们。我把50%的物品捐给了慈善机构，还每月向世界各地不同的慈善组织捐款，因为我想回馈社会，帮助有需要的人。真正的幸福并不取决于物质财富，拥有更少的东西让我感觉更快乐、更轻松、更自由。选择极简生活方式，让我能专注于学习体验，这比购买和囤积不需要的东西，带给我更多的满足感。

尽管我通往真正幸福的道路复杂又充满挑战，而且保持真正的幸福是一生的旅程，是一个成长和疗愈的过程，但我无比感恩，6年多前能在Elizabeth的指导、鼓励和支持下，开启人生转变之旅。历经多年的人生转变，我真切地感受到，年轻时的自己仿佛被困住了。虽然看似身体自由，但实际上，我的灵魂因家庭状况备受困扰。尽管我花很多钱买了许多让人羡慕的东西，却无法获得真正的幸福。我能真切地体会到，灵魂或内心的自由才是最重要的，它能让人真正幸福健康。内心的自由会带来真正的喜悦、满足和内心的平静。

回顾这段旅程，我心中充满感激。通过能量疗愈和心灵修行，我克服了曾经以为无法解决的重大难题，对于一路上见证的所有奇妙而意想不到的变化，我感激不尽。我并不完美，但我喜欢全新蜕变后的自己。无论面对怎样的挑战，无论是眼前的还是未来的，我都将继续努力，每天醒来都成为更好、更明亮的自己，因为我所面对和克服的大多数挑战，实际上都是我最宝贵的礼物。通过分享我的个人经历，我希望世界上更多的人能审视自己的生活，鼓起勇气学习，努力重获内心的自由，从而过上更美好、更幸福的生活——那种他们真正渴望的生活。

李志清，加拿大多伦多

3.5

— 挑战 —

你干吗硬踹别人给你关的门，何不打开另外一扇窗

每个人的生命里，都难免遭遇那种突然关上的门。可能是一份工作机会戛然而止，可能是一个合作被无情拒绝，可能是身边最亲密的人的不支持，甚至是一场自己全力以赴却无果的追求。

门在面前“砰”地关上时，那种被拦截的声音总让人感到愤怒、失落，甚至怀疑：是我做得不够好吗？是我不配拥有更好的吗？

我们常常停留在被关门的那一刻，过度专注于门的“消失”，却忽视了一个事实：这扇门，真的那么重要吗？

现在的华为及深度求索（DeepSeek）就完美展现了换

道超车的漂亮选择。古时苏轼被贬后豁达面对，在文学艺术上取得新成就也是同样漂亮。

有时候，这扇门关上，其实并不意味着真正的失去，而是让我们停下来，问问自己：那道门后，真的是我想要的风景吗？还是只是因为它曾经敞开过，所以我才那么执着地想进去。

很多时候，我们所谓的“挑战”，其实是一场错觉。有人给你设置了门槛，有人说“不行”，于是你误以为这是对自己的试炼，非得用尽全力去推开。然而，有些门本就不属于你，即使开了，也未必能通向更好的未来。

问题在于，我们的目光太容易被那些人造的“战场”吸引。对方故意挑衅，圈定规则，把你逼到非竞争不可的境地；你却义无反顾地冲进去，以为打赢了就能证明自己，甚至翻转局势。可当你在那条充满硝烟的路上跌跌撞撞地追赶时，有没有想过，这条路本来就是别人设计的陷阱？

当年的苏联与美国的军备竞赛历史，不是完美演绎了这个道理吗？

被误导的挑战往往最消耗人。你愤怒、焦虑，拼尽全力，却发现那些把你拉进来的对手并不真正关心你是否赢得这场战斗，他们只是在试探你，试图控制你，甚至想用你的失败成就自己的优越感。与其卷入这种深渊，不如问问自己：我为什么要接招？我为什么要在别人的战场上证明自己的价值？

我们对抗别人的否定，就像面对关上的门，总有一种本能：我要踹开它。踹门的姿态里，有着不甘、愤怒和一种想赢的执念。这份倔强不是坏事，但倔强一旦成了惯性，就会让人疲惫。

有些门，关上了，是对你的排斥；有些门，关上了，是对你的保护；还有些门，关上了，只是因为那道门本就不属于你。你却不甘心，认为只要打开它，所有的问题都能迎刃而解。

然而，你有没有想过，一次次硬踹这扇门，其实是把自己困在了一个无解的循环里？门的那一边未必真的值得，而门外的你，却已经被耗尽了力气。

人生的倔强，最难的是学会适时放下。放下，不是认输，而是明白对抗的真正意义。不是所有的“赢”，都能带来价值；不是所有的“输”，都会让你一无所有。有时候，倔强的对抗，反而会让你错过那些本可以带你走向更远地方的机会。

当门关上的时候，我们习惯认为，面前就是尽头。但如果你愿意稍稍转身，会发现，其实还有窗。窗与门不同，它不大张旗鼓，不立在正中央，也不像门那样被视为进出的必经之路。窗的存在，常常被人忽略，但它却有一种静默的力量，等待着你去发现。

窗是生命中的另一种可能，它不会主动敞开给你看，但却总在那里，提醒你：不要只盯着那扇紧闭的门。窗的背后，或许不是原计划中的目的地，却可能是一片更辽阔的天地。窗的意义，不在于它的尺寸或形式，而在于它提醒我们，世界并非只有一种答案，也并非所有的路都需要直来直去。

面对门板，面对对手，我们总以为"硬碰硬"才是解决问题的方式。但当你一次次冲撞时，是否想过，对手真的是门的制造者吗？还是你内心深处的不甘在驱使你不停地踹？

人生的大部分冲突，其实并不是人与人之间的较量，而是我们与自己的执念较劲。当你不再执着于在同一赛道赢得别人的认同，不再需要用战胜对方来证明自己，你会发现，那些看似挡住你的门板，不过是一次次提醒：你需要从内心找到自己的平和。

所谓的“窗”，并不是外界真的为你预备了什么特别的出路，而是你学会看见了新的可能。窗的意义在于，它让你明白，真正的自由，不在于走哪条路，而在于你不被路的形式所束缚。

当我们谈论挑战时，往往以为那是一次对能力和意志的考验。但真正的挑战，或许并不是“战胜”某个对手，而是学会用一种更轻松、更从容的方式，先与自己和解，再开辟新天地。

有人在门关上后，耗尽精力试图证明“我是对的”；有人选择转身，看向窗，接纳那一刻的休止符，反而走得更远。挑战的意义不在于结果，而在于过程中，你是否真正看清了自己的渴望，是否学会了在困局中与自己达成和解，然后再上路。

人生不会永远顺风顺水，也不会总有敞开的门迎接你。更多的时候，是门板挡住了你的去路，也挡住了你的视线。但请相信，每一扇关上的门，背后都有一扇窗在等你推开。

窗不需要踹，它需要你用新的眼光去发现；窗不为争斗而存在，它为那些愿意放下的人准备。打开窗，你看到的不是对抗后的胜利，而是对抗之外的辽阔。你会明白，挑战的本质，不是赢下某个人或某个局，而是成就那个更自由、更洒脱的自己。

所以，亲爱的朋友，下次当门在你面前关上时，请不要急着踹开它。停下来，转身，看看窗外的风景。你会发现，窗外的光与风，正好适合你重新出发。

3.6

— 执念 —

别人的尺是别人用的，你干吗拿来量自己

你就是太在意别人的看法了，总有山不清，总有月不圆，你都忘了为自己而活。那些不重要的人和不必要的评价，真值得你浪费心情吗？如果有一天，所有人都能完全理解你，那你得普通成什么样。

这世上的大多数烦恼，都来源于一个“执”字。执着于面子，执着于认可，执着于非要证明自己不可。可这些执念，到底值不值得呢？

你有没有发现，别人眼中的“成功”，总是像镜中花、水中月？当你看到别人站在山顶上，觉得他们光鲜亮丽时，有没有想过，那真的是你想要的风景吗？你只是不甘心，觉

得“凭什么别人可以而我不行?”。

有些人活了一辈子，都没来得及问清楚自己想要的是什么。他们只是盯着别人攀的山、赏的月、晒的风景，一路追逐，却从来没有抬头看看自己的方向。这样的努力，像是用力划了一夜的船，却发现船头一直对着别人的码头。

其实，每个人心中都有一座山。有人喜欢登高望远，有人愿意隐居林间，有人追求雪峰之巅的险峻，也有人钟情草坡的温柔。如果你总是盯着别人的山，自己的山再美，也会黯然失色。你看不清山，不是山有问题，而是你心里迷雾太重。

很多时候，我们以为是外界的评价让我们不安。其实，不安来源于我们对自己的不接纳。

你有没有想过，为什么别人的一句话、一个眼神，能让你如此在意？也许是因为，你心里早有一个结：你对自己某个方面并不满意。别人恰好戳中了那个点，于是你开始怀疑，甚至否定自己。

为什么你会那么在意别人对你的看法？说到底，是因为你心里对自己并不确信。

我们走进菜市场，看见各式各样的蔬果，试着想象一下，如果一个红苹果会说话，它也许会对香蕉说：为什么你不是红色的？是香蕉不够完美吗？不是。当然，苹果也没有错，因为它的认知层次是基于苹果本身的设定。

当一个人对自己的方向足够坚定时，别人的目光只是一阵风，吹不动你扎稳的根。而当一个人心里空虚、不知道自己要走向哪里时，别人的看法就会左右你的方向。

这种迷失，是现代生活中最普遍的现象。我们活在一个充满比较的时代，总有榜单、排名、热搜在提醒我们：你是不是跑得太慢了？你是不是不够优秀？

于是，我们拼命赶路，却忘了问自己："这条路，是我的赛道吗？"

如果有一天，你停下来，真正面对自己的内心，听听它的声音，就会发现，原来你的心早已有了答案。那些让你迷茫的东西，不过是外界的嘈杂而已。

有些人一生都在努力，努力让别人满意，努力追求别人的认可。可到头来，他们发现，自己的努力换来的只是短暂的掌声，而掌声过后，剩下的空虚无人填补。

活给别人看，最大的代价是你失去了为自己而活的机会。那些为了迎合别人而做出的决定，可能让你看起来"成功"，却让你的内心变得贫瘠。因为这不是你真正想要的东西。

如果有一天你终于得到了一切，却发现这些东西对你毫无意义，那才是真正的遗憾。生命是如此短暂，为什么要用它来取悦不重要的人呢?

心灵自由，不是外界给你的，而是你自己给自己的。心灵自由的人，不是从不被评价的人，而是心中有定力和足够认知，不会轻易被外界撼动的人。

当你放下那些不必要的执念，你会发现，山还是那座山，月还是那轮月，只是它们的美，你终于看清了。你的脚步可以慢一点，路可以绕远一点，只要是你想去的方向，一切都是值得的。

现在就在脑海中翻开你的记忆小本本，找一下你过往人生中的高光时刻，那就是你人生的优势及可成就的赛道，那就是你用生命验证出来的专属标准，你的尺!

所以，别再让别人的看法束缚你。这个世界这么大，山可以不清，月可以不圆，但你的心要明、要定。只有这样，你才能真正为自己而活。

总有一天你会发现，不在意别人的看法的那一刻，你终于得到了最大的心灵自由。

第四章

从内心冲突
到心灵平静

4.1

— 金钱 —

赋予你的财富一个喜悦的生命

小时候，我们曾经听到“赚钱很难”“有钱人都不地道”“别乱花钱，省着点用”。这些话像陈旧的铁锚，顽固地盘踞在我们的意识深处，让我们对金钱总怀有一种微妙的距离感。或许是敬畏，或许是恐惧，但很少是温暖与平和。

可是这些金钱观念：真的属于我们吗？它们对我们的生活到底是帮助还是阻碍？

我有个客户，小时候她家里的经济条件不算好，每一分钱都要精打细算。母亲常常对她说：“钱是辛苦换来的，要懂得珍惜。”每次她这样说，语气里总带着一种庄重，甚至是些许焦虑。那时的她似懂非懂，只觉得钱是一件很重的东西，像一块压在心头的石头。

有一次，她用自己攒下的零用钱买了一本画册。兴冲冲带回家后，母亲看了看价格，说了一句让她记了很久的话："这么贵的东西有什么用？"那一刻，她心里的喜悦被浇灭了，甚至开始觉得为自己的兴趣花钱是一种错。后来才明白，母亲并不是反对她的爱好，而是出于对金钱的紧张感，把自己的担忧投射到了她的选择上。

这种紧张感，在许多家庭中可能都不陌生。尤其是早些年，经济压力让很多人对金钱怀有一种复杂的情感：既渴望又防备，既需要又排斥。而这种矛盾，悄然间渗透到我们与金钱的关系中，让我们对它多了一分敌意，少了一分信任。

那么，金钱到底是什么？

这看似简单的问题，实际上牵涉到我们对生活的许多假设。很多时候，我们习惯了接受别人对金钱的定义，却很少去审视它。如果从未认真想过这个问题，我们可能就会被那些"默认的观念"所掌控。

金钱的本质是什么？它是一种工具，一种能量的交换方式，一种我们实现目标所需要的资源。它本身没有情感，但我们的态度却能赋予它不同的意义。就像一把锤子可以用来建造房子，也可以用来摧毁房子，金钱的作用，完全取决于我们如何使用它。

现在，请你拿起笔，写下自己从小听过的那些“金钱咒语”。

比如：

“有钱人靠的是运气或手段，不可能靠努力。”

“贪财的人注定不会幸福。”

你可以逐条问自己：

这些观念是绝对正确的，还是只是长辈们的经验总结？

它们适合现在的我吗？

答案很明确——这些观念随着时代的变迁可能不再适用。

改变从重新定义开始。问问自己：金钱对你来说，意味着什么？

金钱并不是一个冷冰冰的概念，它可以成为一种力量，帮助你靠近内心真正热爱的东西。

可以试着用一种全新的方式看待金钱：

对于旅行者，金钱是探索世界的船票；

对于美食家，金钱是创造味觉体验的钥匙；

对于你，金钱是支持你实现梦想的伙伴。

当你把金钱与内心的热爱联系起来，你会发现金钱不再让你感到沉重，它是一种充满生命力的能量。

在重新定义金钱的过程中，我们来做一个重要的练习：把那些童年的观念写下来，然后用新的语言去改写它们。

比如：

“钱难赚，花钱要仔细”改成“金钱是流动的能量，它会因为我懂得善用它而源源不断地到来”。

“有钱人都是坏人”改成“财富可以用于善业，也可以让美好的事情发生”。

“钱只要够用就好”改成“获取更大的财富可以为世界贡献更多”。

这个练习会让你感觉像是卸下了许多无形的包袱。金钱并不是让你感到焦虑的原因，那些焦虑是来自你未曾审视的旧观念。改写这些观念，就像打开了一扇窗，让阳光照进来。

你对以下的情节有熟悉感吗？

子女在春节为老家的父母带了一些名贵的食材或日用品，却换来父母的负面情绪回馈：“太贵，不要乱花钱！”“我这里有的用，可以退回店铺吗？”

上一代长辈对金钱及物质的旧有价值观，往往会为新一代孩子带来心理纠结，从而质疑自己赚钱有错吗？为什么金钱不能够让父母开心？可想而知，如果我们对金钱的认知不够准确，会有跨代的负面影响力。

问问自己，如果金钱是一位朋友，你希望它是什么样的？

金钱是中性的，它呈现在我们生命中的形态，取决于我们赋予它什么样的生命力及意义。它可以是通往自由的桥梁，也可以是滋养热爱的工具。重要的是，我们能否用内心的坦诚和信任与之相处，而不是让恐惧和偏见阻碍它的流动。

当我们学会为金钱赋予喜悦的生命，它便会成为一种充满活力的能量，帮助我们活出更充盈的生命。当每个人都能以正确的态度对待金钱，家庭经济决策会更加理性，社会资源分配也会更加合理。

4.2

— 动力 —

让初心照亮你的道，全世界都会给你加速

人生中，我们常常感到迷茫，好像走在一条陌生的路上，既看不清方向，也不知道该走向哪里。这种感觉会让人疲惫不堪，甚至开始怀疑自己的努力是否有意义。其实，迷茫并不是因为我们做得不够，而是因为没有找到一条真正属于自己的道。

道不仅仅是一条路，更是一种内在的秩序，是我们生命的轨迹和方向。道藏在我们的初心里，藏在我们最简单而真实的渴望里。当一个人行走在属于自己的道上，他会感到由内而外的顺畅，那种感觉就像河水遇到了合适的河道，流动变得自然有力。

如果偏离了道，无论多么努力，都会感到挣扎，就像逆流而上，费尽心力却寸步难行。

曾经有学员问我："为什么改变总是这么痛苦？在黑暗里找不到方向？"黑暗，常常让人感到恐惧。它并不仅仅是外在环境的阴影，更是一种深植于内心的压抑感。而这种黑暗的来源，并非完全属于个人，而是深藏在我们所处的"集体潜意识"中。

从小到大，我们被家庭、社会、文化所塑造，潜移默化地接受了许多规则、期待和观念。这些看似无形的力量，像一张密不透风的网，将我们包裹其中，限制了我们的自由。当我们试图挣脱这些既定的模式，黑暗便显现出来——它以怀疑、孤立和压力的形式出现，试图拉住我们，让我们继续在圈子里徘徊。

改变的真正困难，并不只是与自己的恐惧做斗争，更是与这些集体的"惯性力量"对抗。这些力量会在不经意间影响我们的选择，让我们觉得追求内心的道路是一种违背规则的冒险。

然而，只有直面这种黑暗，找到初心，才能突破集体潜意识的束缚，走向属于自己的光明之路。怎样找到初心呢？

初心，来自内心最纯粹的渴望。“我到底想成为什么样的人?”找到初心，就像找到了灯塔。无论风浪多大，海水多深，只要看见那盏灯，你的内心就会安定。

有时我们会觉得累，觉得周围的一切都不支持自己。可问题往往不在外界，而在于我们没有认清自己的初心。初心清晰的人，哪怕处在逆境中，也会充满力量；而初心模糊的人，即使条件优越，也容易迷失。

初心，和生命的贡献密不可分。每个人都是带着独特的礼物来到这个世界的。有人用文字带来温暖，有人用智慧推动社会进步，有人用善意感染周围的人。不必比较，只要你的初心是真实的，你就能找到属于自己的力量。

改变从来都不是一件容易的事。我们要跨越的，不仅仅是外在的阻碍，还有内在的舒适圈。旧有的观念像是一个圆圈，保护我们，也限制我们。当你想突破时，这个圈会以一种看不见的方式拉住你，让你觉得不安、焦虑，甚至有些恐惧。

有些人会因此退缩，觉得自己是个受害者：“为什么别人总是反对我？为什么我的努力得不到回报?”但如果换一个角度，你就会发现：冲突并不是针对你的，它只是成长的信号。每一次冲突，都是和过去自我的较量。只要有足够的耐心和勇气，总能冲破那个旧圈，进入更广阔的天地。

当我们找到初心，并开始按照它指引的方向走时，生活会变得截然不同。这时候，你会发现身边的阻力少了，支持多了。那些原本看似遥不可及的资源，突然间开始涌向你；那些原本封闭的大门，也会悄悄地向你敞开。

这种现象不是偶然，是因为你的初心与宇宙的节奏对上了。当你走在自己的道上，所有的努力都会事半功倍。你的动力，源自内心的欢喜与笃定。

那些闪耀着生命光辉的人，不是因为他们有特别的能力，而是因为他们找到并坚持了自己的道。无论是创造奇迹的科学家，还是默默奉献的平凡人，他们的成功，都源自对初心的忠诚。

很多人都在寻找心灵自由，但这种自由究竟是什么？它不是外界的掌声，不是财富的积累，而是内心的平静。当我们遵循初心去行动，内心会感到前所未有的轻松。那种自由，来自内在与外在的一致。

这种平静，也是一种心灵力量。它会让我们变得更加坚定，也更加包容。不再害怕风浪，也不再惧怕失败，因为我们知道，只要走在自己的道上，每一步都有意义。

如果说初心是灯，道就是那条通向幸福的路。很多时候，我们越努力，越觉得累，越觉得挫败。其实，那是因为我们用错了力。只有走在属于自己的道上，动力才会源源不绝。

回到你自己的心，问问自己：

我希望过怎样的生活？

我的生命想要贡献什么？

我的路该如何走下去？

这些问题的答案，藏在你的初心里。当你用这份初心点亮你的道，生活便不再是苦苦挣扎。每一个脚步，都有节奏；每一个动作，都有意义。

几年前我有一位客户，她本来是香港的一个大型地产发展商的高管，后来因为压力产生情绪病，身体支撑不了工作，便退下来养病，一退便是几年时间，养病差不多花光了她的积蓄，加上沉重的原生家庭负担，让她对生命及自己的事业都开始失去信心。

我不断为她调频，也鼓励她找回她的“道”，躺着养病无疑是一个舒适圈，要跳出舒适圈重投社会，身体起初的不适感也是一种阻力，在这个时候，加强能量调频疗愈也是关键之一。其实身体是会因为外界的积极能量及心态能量的提升而有正面变化的，就是需要慢慢推进。

后来她得到一个机会，进入另一间香港的大型地产发展商任高管，初期的几个月，她老是觉得自己身体不行，想辞职，我不断肯定她的能力并帮她调频，现在几年过去了，她不但越做越有劲，身体也越来越健康，对原生家庭的问题也更能够支撑起，最近也升职加薪了。找对自己的道实在太重要！

以下是她写给我的文章。

认识Elizabeth大约五年，我十分感恩遇上她。

最初遇上她时，我无论工作、健康、感情，以及家人状况都面对很大困难，是她让我看见希望，让我知道人生可以有很多出路。

除了能量治疗外，我印象最深刻的是这些年从她身上学习怎样调整自己的心态能量去面对生活中的种种状况，通过课堂和她的分享学习宇宙观、因果法则和吸引力法则等。

我欣赏Elizabeth为人正义，而且相对理性。这些年，面对不同事情需要帮助时，我都会向她请教，她都会无私地迅速回应，教我应该用什么方法面对，帮我分析形势，让我明白如何处理当前状况。

她让我知道人生有很多可能性，教我用开放的态度和眼光看待每一件事情，接纳人与人之间的差异，不要执着于别人的想法。

在我很沮丧、很伤心的时候，或者很悲伤的时候，她鼓励我拿起勇气，把心力放在感恩和祝福上，教我绕佛塔、抄经、祭祖、拜土地和做善事等。她常常提醒我不要去担心太多，用能量做我可以做和应该做的事，也要减少面对不必要的负能量的人事物。不用放大负面情绪。反之，要学习放大自己正向、丰盛的感受，把感受真实化，专注感受放大自己拥有的喜悦。

从她身上我学会了很多道理，我一点点改变自己，慢慢调整心态，观察出现在自己身上和身边的各种现象，观察每日能量的转变，不断努力，人生渐渐顺畅起来。

人生有一些pattern，如果我们不断用同一种方法和心态面对人事物，这些pattern只会不断重复。如果想改变人生，就要改变心态，我花了很长时间去学习和实践，改变，真的发生了。

感恩遇上Elizabeth。祝大家正能量常满。

4.3

— 情绪 —

现在立刻停止为别人的情绪买单

你有没有这样的经历：当你决定改变现状时，身边的人却显得格外不安。他们或许冷嘲热讽，或许脸色难看，甚至用一些挑剔的话让你自我怀疑，“是不是我做错了？”“我是不是不够好？”

其实，这背后隐藏的是一场不易察觉的心理博弈——情绪勒索。情绪勒索是极低成本的控制手段：一个眼神、一句无心的话，甚至一声叹息，都可能让你陷入深深的愧疚和纠结之中。它不需要付出太多，却能精准击中你内心的软肋，让你心甘情愿地为别人的情绪买单。

然而，我们必须明白一件事：每个人的情绪，都应该由自己负责。别人的不满、愤怒和失落，是他们自己的心理反应，而不是你必须承担的负担。只有弄清这一点，我们才能从情绪的操控中抽身，重新掌握属于自己的能量和方向。

情绪勒索，利用了人类天生的共情能力和社交需求。当别人向你抛出负面情绪时，比如冷脸、不悦或抱怨，你的大脑会本能地捕捉到这些信号，并迅速产生一种责任感："我是不是哪里做得不够好？"

这种反应源自我们对关系的渴望，但它却可能成为别人用来操控你的工具。**情绪勒索最可怕的地方在于，它无须威胁，而是通过细微的暗示，让你被动地陷入一种"讨好"的状态。**

比如：

你决定早起锻炼，家人却抱怨你"不顾家庭"，你感到愧疚。

你拒绝同事额外的请求，对方却冷淡地回应："你真会划清界限。"

这些看似不经意的言辞和行为，其实就是用情绪来干扰你的判断，让你不自觉地让步，以满足对方的需求。

如何不被情绪牵动？

我们不可能完全避免身边的情绪勒索，但我们可以通过调整自己的认知与行为，让自己不被牵制。

情绪的本质是共振，不是支配。情绪其实是一种能量的传递，它由对方释放，是否接受取决于自己。对方可以生气、冷漠甚至发脾气，但这些情绪的力量只有在你接纳时，才能对你产生影响。如果你意识到“这不是我的责任”，你就能从情绪中抽离出来，不再随之起伏。

而情绪勒索往往出现在你想改变的关键时刻——当你试图打破固有模式时，旁人会因为不适应而表现出抗拒。这种抗拒并非总有恶意，而是体现了旁人对未知的不安。提前预见这种反应，能够让你在面对指责、质疑或冷淡时更为从容。你知道这并非你的问题，而是对方的惯性使然。

生活就像一场牌局，你无法控制对方出什么牌，但你可以决定自己的策略。如果对方用情绪勒索试图让你陷入内疚，你大可以微笑面对，甚至不动声色地“跳过”这张牌。清醒的头脑、坚定的价值观，是你拒绝情绪勒索的最好武器。

情绪不仅仅是一种心理反应，更是能量的表达。当你生气、内疚或焦虑时，其实是在无形中消耗自己的能量存款。

而这些能量，对你的成长、成功至关重要。想象一下，你的能量如同一个银行账户，每一次负面情绪的爆发，都是一次存款的流失。

停止为别人的情绪买单，实际上就是减少不必要的“能量支出”。你需要把注意力放在那些能给你“加分”的事情上，比如健康的关系、积极的行动和内心的平静。当你减少能量的浪费，你的生活会变得更加充盈，目标也会更容易实现。

以下是几个实用的步骤，能帮助你在面对情绪勒索时做出更明智的选择。

停下来，问自己“这是我的责任吗?”

当对方抛出情绪时，立即觉察并反问自己。如果答案是否定的，那么你完全可以冷静地旁观，而不是急于回应。

微笑面对，选择“跳过”

不论对方的情绪有多激烈，你都不需要被牵动。用微笑和冷静的态度回应，可以让对方意识到，他们的情绪无法轻易影响你。

学会积极回馈善意

对于那些真心对你好的人，回馈并不需要“以礼还礼”。

一个真诚的感谢、一份感激的心情，就是最有价值的回应。善意的情绪本身就是一种能量的传递，值得以同样的情绪价值去回馈。

逐步积累自己的能量存款

停止无谓的情绪消耗，把时间和精力放在提升自己上。去学习新技能，去健身，去阅读有意义的书籍——每一件正面的事情，都会让你的能量账户更为充实。

停止为别人的情绪买单，并不意味着冷漠无情，而是学会对情绪有更高的觉察力。你需要明白，别人的情绪是他们的责任，而你的情绪是你自己的资源。当你掌握了这份清醒，就能在各种复杂关系中游刃有余，为自己的人生做出更明智的选择。

一切的成功，都是能量的积累。减少减分，专注加分，你的能量自然会上扬。

从今天起，停止无谓的情绪消耗，把每一分能量都用在让自己更好的地方。生活的主动权始终掌握在你手中，你也不必再为别人的情绪所累。

当社会上越来越多人不再为别人的情绪勒索买单时，施行情绪勒索的人便会意识到这招不管用了！

我有一位美国加州的客户，她在美国结婚后尽心尽力相夫教子，有一对儿女，是美满家庭的典范。实际上她情绪非常压抑，在生活中常常受到丈夫及儿女的情绪勒索，要求她要成为每个人心目中的模范妻子及母亲，于是她便在各人的期望下开始失去自己，往往为了满足家人的要求而放弃自己的选择，家人只要有一点不顺心便会质疑她，并且将负面的情绪挂在脸上或表达在言语上，给她很大的精神压力。

后来她经过接受我的能量调频及心灵疗愈等鼓励，人生方向逐渐清晰，认识到自己有权利主宰自己的人生，于是开始慢慢改变对家人的“侍奉态度”。

在我的鼓励及调频下，她的勇气和正面积极态度慢慢地向家人展示了她要做回自己的决心及态度，现在她的人生充满光明，家人再也不敢轻易对她予取予携了！

以下是她写给我的文章。

两年前，我有幸首次接触到Elizabeth导师，并接受了她的能量治疗。当时的我深陷缺乏自信的困境，特别是在婚姻关系中感到彷徨与纠结，情绪上的困扰也逐渐影响到我的健康。然而，自从接受Elizabeth导师的治疗后，我的内心逐渐发生了积极的转变。我开始找回自信，学会设立健康界限，逐渐摆脱讨好型的性格，提升了自我价值，也懂得尊重和区分他人的责任！睡眠质量也相继提升了！这些转变让我对能量治疗产生了浓厚的兴趣。

在导师的课程和她分享的YouTube影片中，我获得了启发，受益匪浅。进一步地，我加入了能量协会，成为会员，借此得以实践她所提倡的“生活修行”。我深深地欣赏Elizabeth导师，不仅因为她的专业与耐心聆听和教导，更因为她以身作则，带领会友们一起成长，互相成就她倡导的“生活修行”，让会友们有机会共同创造善举，与佛学中“积资粮，自利利他”的精神相契合，这对我的人生产生了深远的影响。

此外，每当我见到她面对挑战时，她总是保持冷静、从容以对。她的处事态度成为我的榜样，让我看到如何在面对困难时依然维持高频率的正面能量。相信自己有足够内在资源化解问题。她的坚定和平和激励我要精进学习的力量。Elizabeth导师所设计的能量产品更广受好评，帮助了无数人，我自己也是受惠者之一。遇见Elizabeth导师，并成为协会的一员，是我生命中的珍贵经历之一。

我感恩宇宙的祝福与安排，让我得以遇见Elizabeth导师，也让我有幸与协会内的伙伴们一起学习与成长，愿天下太平！

余绮珊，美国加州

4.4

— 勇气 —

用心感受，活出本我

我们的生活，常常像一架连轴转的机器。每天被工作、家庭和社交填满，似乎只要停下一刻，所有的齿轮都会因卡壳而无法继续运转。在这样的节奏里，我们常常感到疲惫，却又无法停下。

在连轴转的人生里，我们逐渐失去了感受自己和世界的能力，更别说活出那个真正属于自己的样子了。走出连轴转的状态，第一步是停下来，给自己一点时间和空间，去感受内心的声音。这听起来简单，但做起来却并不容易。

因为当你开始感受时，内心的真实会涌现，而这种真实往往与周围的期待和规则不一样。

比如，可能你的内心喜欢自由的生活，而你却选择了稳定的职业；可能你渴望去追求艺术，却在家人期望下读了“更好就业”的专业；甚至，你可能喜欢穿亮丽的衣服，却因为害怕“太显眼”而选择了平庸的装扮。这些冲突在心底隐隐作痛，但因为习惯了迎合外界，我们渐渐选择了忽视。

用心感受自己，意味着不再掩盖那些不同、不再回避那些冲突。感受到内心的声音，是迈向本我的起点。但仅仅停留在感受，是不够的。

感受自己之后，随之而来的，是更大的考验：你是否有勇气将真实的自己活出来？

我们每个人都生活在一张由规则和期待交织成的网中。家庭观念、朋友圈的习惯、社会的默认价值观，这些构成了我们看似稳固的生活基础。当我们决定活出不同的自己时，就必须面对与这张网的冲突。它可能是父母失望的目光、朋友的不理解，甚至是来自社会的评判。

活出本我，注定是一件需要勇气的事情。因为它往往意味着走上一条少有人走的路，去面对不被认同的孤独和初期的挣扎。

勇气从哪里来？如何拥有这份活出本我的勇气？

答案是：底气。

勇气并不是凭空而来的，而是建立在充足的能量基础之上。这种能量，就像我们内心的一座“发电厂”，它来自我们日常的积累。当你在生活中逐渐储蓄这些能量，你的底气就会增加，勇气也会随之而生。

“勇气如同夜空中最亮的星，照亮我们在追求本我道路上的黑暗；底气仿佛坚固的基石，支撑着我们在面对外界质疑时的坚定。”

健康的身体：一个强壮的身体，是你对抗压力和挑战的基础。

清晰的智慧：阅读、学习、与智者交流，可以让你看得更远、更透彻。

情感的支持：找到同频的人，建立充满善意的人际关系。

自信的积累：通过每一次小小的突破，逐渐增强对自己的信任。

能量的积累是一个持续的过程。当你的“内在银行”足够充盈时，你会发现，即使面对与众不同的选择，你也能站得更稳，走得更远。

活出本我之前，你需要弄清楚什么是“本我”。它不是别人告诉你的“你该怎样”，而是你发自内心渴望去做、去追求的事情。本我可能是创造、美、自由，也可能是帮助他人、追求真理，或者只是简简单单的快乐。这是每个人独一无二的存在意义。

本我是动力的源泉，但它同时也需要你用心去感受、去发现。没有人能代替你找到它，也没有捷径可以走。真正的答案，只能通过内心的倾听和长时间的沉淀来揭示。

当你感受到自己的本我后，真正的挑战才刚刚开始。要把这种感受付诸行动，并持续坚持，直到它融入你的生命，需要更大的勇气。

初期的行动可能伴随着很多压力，比如尝试穿一件自己喜欢但“很特别”的衣服，或者大胆表达一个与众不同的想法。这些看似小小的突破，都是在为你构建一个能够接纳真实自我的环境。随着行动的重复，真实的自己会渐渐显现，周围人也会慢慢适应甚至接受你的变化。

但“活出”不是一蹴而就的事，它意味着将这些行动不断深化，成为你生命的一部分，甚至成为你与世界互动的方式。

活出本我是一场勇敢的旅程，我们大多数人都在连轴转的人生中遗忘了本我，被期待和规则牵引着前进。然而，真正的幸福源自忠于自己的内心，而不是取悦外界。

活出本我，需要用心去感受自己，需要勇气去打破惯性，还需要持续地积累能量。它是与外界和内心的和解，而非对抗。当你站在这条旅程的终点，回望走过的路时，你会发现，最美的风景不是周围的掌声，而是那个终于活出真实的自己。

连轴转的齿轮可以停下，转而成为一股更有力量的旋转，推动你朝向属于自己的未来。愿每个人都能找到足够的勇气，用心感受，活出本我，活出由自己定义的生命。

4.5

— 肯定自己 —

指纹是大脑的签名，把你独有的指纹印在你的奖状上

有时候，我们会对自己产生怀疑。站在人生的岔路口，你是否曾低声问过自己："我真的可以吗？"一次次比较中，我们似乎总是看到别人闪耀的光环，却很少意识到自己脚下的光亮。

其实，你不需要证明自己可以成为谁，也无须模仿别人如何成功。你唯一需要做的，是肯定自己。

当你低头看自己的手指，那些独一无二的纹路，正无声地提醒你：你是不可替代的。这些指纹不仅是你身份的标志，更是大脑为你的人生经历刻下的签名。它们告诉世界，只有你能用自己的方式，印下属于自己的成就。

科学研究表明，我们的指纹不是随机形成的，它们和大脑的神经网络息息相关。每一条纹路，都是大脑复杂神经回路的投影，是你独特经历和认知的象征。

想象一下，当你学会一项新技能，或者经历一次深刻的情感体验，大脑内部的神经元会构建新的回路。这些回路彼此连接，就像在心灵中铺设了一条新的道路。而你的指纹，正是这条道路在皮肤表面的映射。

指纹如此独特，正因为你的经历和认知无法复制。正如有人说的："每一次成长，都是一次不可逆的雕刻。而你的指纹，恰似这雕刻留下的独特纹理，镌刻着你生命的印记。"你的指纹，正是你的大脑写给这个世界的宣言："这就是我，无可替代。"

如果指纹是大脑的签名，那么奖状则是指纹的延续。真正的成就，永远是建立在你自己的认知、经历和天赋基础之上的，而不是复制别人的模式。

你是否注意过，为什么有些人模仿了别人的方法，却始终无法取得相同的成就？这是因为成功不仅仅是一套公式，更是一种"内化"的结果。别人的经历、感悟、知识，就算被详细地讲述、拆解，也难以完全转移到另一个人的身上。

我们的大脑不是复印机，无法简单复制别人的成功路径。这也正是为什么每个人的指纹不同。指纹提醒我们，走自己的路，才能找到真正的意义。

谈到成功，很多人会认为，天赋是决定因素。经历才是真正让人独特的关键。天赋可以相似，但经历无法被复制。

比如，一个优秀的艺术家，或许有天生对色彩的敏锐感知，但他的作品之所以能打动人，是因为他用自己的经历和情感，赋予了作品生命力。

这些经历像一张张地图，让你的大脑构建出新的道路，也让你的指纹更加丰富独特。无论是失败后的反思，还是成功后的沉淀，这一切都在无声中塑造了更完整的你。

无论你是美容师、作家、讲师，还是普通的职员，你的每一份成果，都是属于你的奖状。这张奖状的意义，不在于它是否耀眼，而在于它是否真实地承载了你的独特价值。

那么，如何肯定自己呢？

答案很简单：专注于自己的优势，深耕自己的领域，积累属于自己的经验。在这个过程中，不要急于比较，也不要轻易否定自己的努力。每一个小小的进步，都是你指纹的一部分，是你奖状的底色。

你的指纹，是大脑的签名；你的奖状，是生命的独特印记。没有人能复制你的经历，没有人能代替你的感悟。无论你现在的生活是否如你所愿，请记住，世界因为你的独特而更加完整。

每一次努力，都是指纹在奖状上的一笔描绘；每一次肯定自己，都是对人生的郑重承诺。请相信，独一无二的你，值得拥有属于自己的成功。

4.6

— 能量 —

心法是功法的生命能量，定下心态才有生命能量

有人参加无数课程，学习各种技巧，从沟通到管理，从健身到冥想，但收效甚微；也有人学得少，却做得深，举手投足间自带一股从容的力量。

这两者的差异在哪里？答案在于心法。

功法，是方法、技巧，是我们能够用双手触摸、用语言表达的部分。它像一把刀，是利器，但刀锋是否能淬炼出最锐利的光芒，取决于心法的锻造。

心法，是生命的燃料，是赋予技巧灵魂的关键所在。它包含我们的感受、经历、认知，甚至是最微妙的情感。在传统文化中，我们常说“心意合一”，便是强调心法的重要性。

没有心法的功法，终究是空架子；而失去生命力的技巧，既不能感动自己，更无法感染他人。很多人以为，成功只需要掌握一套正确的方法，于是，他们不停地学习、不停地模仿，仿佛只要把别人的经验照搬到自己身上，就能实现同样的辉煌。然而，这条路往往走不通，甚至越走越累。因为他们忽视了一个事实：功法是外在的，而心法才是内在的力量源泉。

心法好比一块磁铁，而功法不过是铁屑。磁铁强大，铁屑就能整齐排列，形成磁场；磁铁微弱，铁屑再多，也只是一堆散乱的碎片。功法可以学，但心法需要“炼”。

那么，心法究竟是什么？它不是单一的概念，而是一种由感知、经历和认知交织而成的综合力量。它深藏于你的内心，不显山露水，却决定着你的每一个选择和行动。

感知：觉察的深度

感知，是心法的起点。你对世界的觉察有多深，你的生命能量就有多充盈。那些“高手”之所以显得从容，是因为他们的感知能力超乎常人。

他们看到的不只是眼前的现象，还能洞察现象背后的本质。比如一个管理者，他不是单纯地在分配任务，而是在感知团队的气氛、理解每个成员的情绪和潜力，从而让行动更有温度和力量。

经历：体验的厚度

经历是心法的积累，是一个人走过的路、经历过的事、遭遇的风雨。每一份经历，都是心法的养分。

但关键在于：经历本身并不能直接转化为心法，只有那些你用心体验并认真反思的经历，才会成为力量的来源。就像一颗种子，只有落入深厚的土壤，吸收阳光与水分，才能破土而出，成为生命的参天大树。

认知：内化的高度

经历丰富的人很多，但为什么有些人无法从中汲取力量？因为他们没有建立起正确的认知。认知是对经历的总结，是将外界的经验转化为内在智慧的过程。它不是简单地记住事情的经过，而是理解为什么这样做，为什么会成功或失败。

认知是心法的核心。正如我们常说的，“定下心态，才有生命能量。”你的认知只有明确而坚定，才能为你的行动注入源源不断的动力。

很多人都有过这样的困惑：为什么我按照别人的方法做了一模一样的事情，却得不到相同的结果？关键就在于，你缺少了心法的“电”。技巧是可以复制的，但能量只有在同频状态下才能共振。

一台机器设计得再精密，如果没有电，它也只能静静地躺在那里。心法就是这台机器的电。它让那些看似普通的动作变得有力量，让那些简单的技巧变得有温度。一个人能否感动别人，不在于他说了多少动听的话，而在于他说话时流露出的内心力量。

比如，一个优秀的销售员，他推销的不是产品，而是一种信任；一个出色的教师，他传授的不是知识，而是一种灵魂的共鸣。这种无形的力量，就是心法的作用。

如何唤醒你的生命能量?

修炼心法的第一步，是重新学会感知。从忙碌的日常中抽身，静下心来，去感受那些你曾忽略的细节。感受阳光洒在脸上的温暖，感受风吹过耳畔的轻柔，感受自己内心的真实情绪。当你对世界的感知变得敏锐，你会发现，很多答案其实早已潜藏在你的内心深处。

经历是心法的土壤，而用心是经历的关键。你可以做很多事，但如果只是机械地重复，没有深入思考，那这些经历终究是苍白的。无论是失败还是成功，请试着去思考：这一切背后的意义是什么？我从中学到了什么？只有经历过的每一件事都被赋予了意义，它们才能为你的心法添砖加瓦。

认知是心法的基石，而认知的局限往往是我们最大的障碍。突破它的方法，是不断地问自己三个问题：

我是否能用多角度及新思维看待事物？

我是否敢于挑战固有的思维模式？

我是否愿意接受一切的可能性？

每一次更新认知，都会让你的心法变得更有力量。

我有一个个案，案主是香港非常资深的医护界人员，从来没有接触过能量调频这回事，求助的时候，他的状态可说是心力交瘁，所以为自己筑起心灵屏障，导致与同事的沟通无法完整，大脑好像常常宕机，也有睡眠问题及痛症问题等，幸好他愿意接受新事物及未知的可能性，选择一种对他而言非常崭新的疗愈方法，重拾生命能量，提高了认知。

以下是他写给我的文章。

第一次接触Energy Healing是2024年9月。

是经朋友介绍下才接触到的。原因是他常感到我与他的沟通中好像有个屏障隔着。

初时不以为意，但工作压力大，自己对生活上的不如意也只是用一个忍的形式去面对，加上日常生活中可能积聚很多负能量，确实令脑袋不太灵活，便姑且一试！

第一次做这治疗前，虽然是下午，但整个脑子已像晚上11时那么疲倦，而且全身也绷得紧紧的。Elizabeth问我有什么地方不妥，我只能诉说一些。实际上是讲之不尽的！

经过20分钟的治疗，发觉自己回到现实世界，有些苦涩涩的，感觉好多了，而且变得很清醒。

自己对生活的麻木感好像消失了许多。感觉自己脑袋里清空了很多废物。也像旅行完成后的休息，虽仍有疲倦但精力充沛。身体的紧绷感也消失了。感觉很神奇。

没有想到20分钟的治疗能有这样的作用。不做治疗也不知道自己脑袋里之前装了这么多废物。

本身从事护理工作近40年，对西方的医药持保留态度。自己包括家人感到身体不妥也最多是看中医及注意饮食健康，不希望用到西药。西方的医药有较多的副作用，治标不治本。

我相信我们日常的情绪如喜、怒、忧、思、悲、恐、惊这七情是导致身体产生各类疾病的成因。如果我们能通过不同渠道，如宗教信仰或Energy Healing去保持心灵健康，相信我们的疾病必定能减至最低。

之后，做完Energy Healing，脑袋一次比一次清醒。发现自己以往压抑的事情能一一清楚地表达出来，更方便Elizabeth帮我治疗。Energy Healing确实是一种神奇的方法。

40年资深医护何先生

最后，分享一个小故事：一位弟子向师父请教："师父，我已经学会了所有的技法，为什么还是无法达到你的境界?"

师父微微一笑，指着桌上的茶杯说："你看，杯子有了形状，但如果没有水，便只能是空的。技法是杯子的形状，而心法是倒入其中的水。水满，则形满；水清，则心明。"

在这个充满挑战和选择的时代，我们拥有比以往更多的功法资源，但正因如此，心法的重要性越发凸显出来。心法不是技巧，而是生命的本源；它不是形式，而是内容；它不是外在的努力，而是内在的觉醒。

当你的心法与功法合一，你的生命将会焕发出无法阻挡的能量。

第五章

成长

创业中的身心灵平衡之道

5.1

— 破圈 —

过去的风景是用来回味的，停留只会错过更多

人生每一段旅程都有不同的风景，有些让人留恋，有些让人痛惜。有时，我们忍不住想要停下脚步，再多看一眼，再多想一会儿。然而，停下脚步的代价却是错过前方更精彩的风景。

过去的风景是用来回味的，而不是让我们停留的。如果一直沉浸于过去，无论是美好的回忆，还是深深的遗憾，我们将无法轻松上路，错过的将是无数未来的可能性。

时间是一条单向的河流，每个人都明白时间的珍贵，却不一定意识到，沉溺于过去其实是在浪费时间。当我们花过多时间怀念过去的成功，或反复回味那些伤心的往事，我们

的生命就会停滞在原地。与其耗费时间在无法改变的事上，不如将目光转向尚未书写的未来。

而且我们的心理能量也是有限的。它决定了我们在面对挑战时的耐力与状态。回忆是有成本的，每一次沉迷于过往，无论是对过失的懊悔，还是对成就的沉醉，都会消耗大量能量。

更重要的是，这些耗费的能量并不会带来实际的进展。相反，它会让我们感到疲惫、迟疑，甚至丧失对未来的期待。

停留在过去，就像把所有燃料倒进一个已经熄灭的炉膛，热量无法再推动任何事物前行。只有学会向前看，把能量聚焦在当下，我们才能点燃新的火焰，驶向更广阔的天地。

过去的经历不论好坏，都已经成为我们的生命底色。它们是用来塑造我们的，不是用来束缚我们的。曾经的成就教会我们自信，曾经的失败教会我们成长。但如果我们把所有的目光都留在过去，就会错失这些经历真正的价值。

回忆过去就像走在田间，看着落日余晖映照下的农田。那些已经收获的果实，饱满而甜美，它们证明了我们的努力。然而，季节已经轮转，土地等待着新的耕种。如果我们始终捧着旧时的果实，既无力开垦新的田地，也无法迎接下一个丰收。

人心如同一间房屋，需要定期整理。如果我们的内心被太多陈旧的情感、记忆占据，就会让新的希望、新的目标无处容身。那些你舍不得扔掉的旧物、旧情，或许曾经是生活中的珍宝，但现在它们可能只是一种无形的负担。

很多人对“断舍离”这个概念并不陌生，但真正能做到的人却不多。整理内心的断舍离，并不是要否定过去，而是尊重过去，让它们完成使命，然后将这些记忆轻轻放下。为新的经历腾出空间，才能迎接生命的新鲜感和可能性。

如何迈出破圈的步伐?

智慧经典说：“知我说法。如筏喻者。法尚应舍。何况非法。”

告别过去需要勇气。这种告别不是遗忘，而是一种智慧的放手。告别那些不再适合自己的情感，告别那些带来负面能量的习惯，甚至告别那些已经实现的成就。每一次告别，都是为了创造新的空间。告别不是结束，而是开始。

破圈的关键在于把注意力拉回到当下。当下是唯一真实的存在，是我们能够施展行动力的舞台。把所有的能量投注在当下，不只是对自己负责，更是对未来的承诺。

当你专注于眼前的事情，奇迹般的力量会开始流动。你会发现，能量总是来自你当下的行动，而不是停留在那些已经发生的故事里。

破圈的过程并非一蹴而就，它是一个渐进的过程。我们每一次走出原有的舒适区，进入新的领域，都会遇到挑战。但这些挑战并不是在阻碍我们，而是在提醒我们，成长正在发生。

成长的信号可能是对未知的紧张，也可能是偶尔的挫败感。重要的是，保持开放的心态，相信自己能够适应新的环境，迎接新的可能性。

过去的风景，就像一张张拍好的照片，安静地存放在我们的生命相册里。它们是我们走过的路，是我们生命的一部分。可是，生命的魅力不在于翻看相册，而在于拍摄下一张照片。

我们无法改变已经过去的故事，但可以决定未来的篇章如何书写。每一次破圈，都是为自己开启新的旅程。愿你我都能放下那些沉重的行李，用轻盈的脚步，走向更辽阔的风景。过去的风景是用来回味的，而未来的风景，正在前方等待我们去发现。

5.2

— 打压 —

别人的打压是你的升维通知书

每当我们决心改变，想要突破现有的格局时，总会有一些声音冒出来。这些声音可能是质疑、嘲讽，甚至是打压。它们可能来自熟悉的朋友，也可能来自毫不相关的旁观者。

这些声音有时像一阵强风，试图把你吹回原地；有时像一面无形的墙，挡在你面前，让你感到前路难行。但若你停下来仔细想想，就会发现，打压的出现其实是一个信号，它是一张“升维通知书”，告诉你：你正在迈向更高的层次。

因为当我们还在某个圈层中，大家的能量场是平衡的。能力、认知、资源差不多，彼此也不会感到威胁。但当你决定跳出这个圈层，去尝试新的方向时，这种平衡就被打破了。你的一步步前进，触动了他们内心的某种不安。

这种不安不是你的问题，而是他们对自己的恐惧。他们可能会想："如果你真的成功了，那是不是意味着我的选择出了问题？"于是，打压随之而来。

这种打压并不一定是恶意的，有时甚至表现得像"善意的提醒"。比如，有人告诉你："创业太难了，你这样做风险太大。""还是安稳点好，别折腾了。"但实际上，这些话更多的是他们在安慰自己，或者试图把你拉回到他们的舒适区。

心理学上有一个现象叫"相对剥夺感"。我们不一定嫉妒遥不可及的成功者，但会嫉妒身边熟悉的人稍微比自己过得好一点。就像有两个乞丐，其中一个发现另一个今天的收获比自己多，就会感到不平衡。

这种反应，不是因为你做错了什么，而是因为你的改变打破了他们内心的平静。

很多时候，打压是无意识的。他们可能并没有刻意要攻击你，而是人性使然。这也是为什么你越是接近突破，越容易招来更多的打压。因为在潜意识里，他们已经察觉到你即将脱离这个圈层，而这种脱离带来的危机感，让他们拼命想把你拉回来。

这里需要区分打压和客观障碍。客观障碍是事情本身的困难，比如时间不足、资源有限或者外部条件的约束。而打压是一种非常个人化的反应，往往来自身边熟悉的人。

它不是客观问题，而是你遇到了人性。

想想看，为什么那些曾与你共同生活、工作或成长的人，总是对你指指点点？因为他们对你的打压，根源在于你们之间的关系。你们曾经是同圈层的人，而你的突破触动了他们的危机感。这是人性，也是我们必须面对的现实。

被打压时，我们内心往往会经历一场激烈的心理博弈。一方面，我们可能会忍不住反思："他们说的会不会是对的？我真的能行吗？"另一方面，又会因为这些打压而感到愤怒，甚至是受伤。这些情绪来回拉扯，让人疲惫。

更隐秘的是，我们会开始怀疑自己："如果他们的质疑是对的，我是不是在犯错？"这些疑问就像旋涡，把我们的信念一点点拉向深渊。但你要明白，这些心理活动恰恰是突破的前兆。痛苦，是认知升级的必经之路。

那些让你痛的声音，正是提醒你迈向更高维度的信号。

理解打压背后的本质后，你会发现，打压不过是对方的心理反应，而不是对你价值的真实判断。明白这一点后，你就不会因为他们的言语而自我怀疑。相反，你的内心会感到自由，能够更专注于自己的方向。

不是所有的建议都值得听。有人是出于高认知层次的提醒，这种意见通常是中肯且有建设性的。而那些带有负面情绪的意见，比如酸言酸语、冷嘲热讽，大多只是为了表达他们的不满。面对这些声音，你需要问自己："这个人真的能帮助我吗？"如果答案是否定的，那就毫不犹豫地屏蔽这些噪声。

打压，是对你成长的最佳验证。如果你没有改变，没有突破，没有威胁到他们的平衡，他们又何必浪费时间打压你？这说明，你的选择已经开始带来实质性的改变。

最有力的反击，不是争辩，而是行动。用你的成果证明你的选择，用你的成长回应他们的质疑。当时间过去，那些质疑的声音会自然消散，而你的成功会成为最响亮的回音。

曾经，当我遇到同行的公开抹黑与打压的时候，我心里坚定地告诉自己："我要加速前进，让他们连我的车尾灯也看不到！"结果，他们的打压声音在我的世界里消失了！

这里我提供的是个人及较小规模层面的心法参考，实际操作细节要按个别情况分析对手，不便在这里详述。

一般来说，运用打压手法去对待别人的，都基于心理的恐惧及嫉妒心态，这些人基本上不会有正气，在他们个人的操守或工作上都必定有漏洞或污点。

要特别提醒一点，自己受到别人打压的时候，要先检视自己有没有漏洞或做得不妥的地方，不要急于反应，要先确保自己没有问题，然后才能采取措施防御或反攻。

如果打压没有影响我们的公众形象，可以不用理会，直接转身离去，勿浪费时间在小人身上。

如果有人公开打压我们，影响了我们的公众形象或声誉，便要谨慎对待。我当时除了加速前进，在应对方面，最重要的是保持冷静，看清对手的形势，分析其弱点，或者等待他暴露更多的弱点，然后设计快狠准的策略，快速击退对方，不要在这些破事上浪费自己的精力，也要留心不可以被他们的挑衅行为或言语带偏你的能量，要经常保持高频正气的状态。

如果拉高到企业层面，可以参考华为的应对策略。

有人说，每一次升维，都像是火箭起飞——震动和轰鸣是不可避免的。当你选择突破圈层，就意味着你必须承受来自外界的反对、质疑甚至敌意。这是成长的代价，也是成功的必要条件。

但请相信，越是痛苦的过程，越能带来深刻的蜕变。你付出的学费，最终会成为你的资本；你经历的打压，最终会成为你的勋章。打压是对你成长的一种提醒，而你的选择，将决定你能否从中汲取力量。

每一场打压，都是一张“升维通知书”。它提醒你，你正在突破旧有的认知，迈向新的高度。那些试图拉住你的人，并不是你的敌人，而是成长路上的关卡。当你度过这些关卡，你的内心会变得更加坚定。

请记住，人生路上，最重要的不是别人的声音，而是你内心的信念。那些打压只是你起飞时的风浪，而你需要做的，是专注向前，用行动书写属于自己的光辉篇章。

5.3

— 心理韧性 —

频繁的博弈是锻炼肌肉的好时机，宝座会预留给心理强大的你

“心理韧性”这个词，乍听有点像心理学教科书里的术语，但我们都活在这个概念里。人生不就是一场场意志与现实的拉锯战吗？有人在一次次的考验中沉淀出力量，也有人被稍微的风吹草动击垮。

是什么决定了一个人能走得更远、站得更稳？答案是心理韧性。

心理韧性很少被人主动谈起，因为它不像天赋那样耀眼，也不像成绩那样容易被衡量。它更像是一个隐秘的杠杆，低调地调节着我们的能量和情绪，在关键时刻托住你、

推着你往前走。真正拥有心理韧性的人，都明白一个道理：心理韧性不是与生俱来的，而是经年累月打磨出来的，是一场漫长的自我训练。

最容易毁掉心理韧性的，不是困难本身，而是过早的放松。有些人奋力冲过一道障碍之后，会产生一种彻底放松的错觉，仿佛生活再也不需要努力了。于是，他们迅速陷入安逸状态，放下警惕，把前期积累的力量消耗殆尽。

有个朋友曾创业成功，短短两年时间就赚到了别人十年的收入。但当事业刚刚起步时，他决定“给自己放个长假”。于是他买跑车、换别墅、四处旅游，三年后因为资金链断裂，整个公司轰然倒下。回头来看，他失败的原因并不是商业模式出了问题，而是他把心理韧性丢掉了。

放松是可以的，但它不能成为放弃的借口。心理韧性的培养是一件细水长流的事，就像钟表的齿轮，只有保持规律的节奏，才能推动时间的前进。允许自己喘口气，但不要让这种喘息变成永久的停滞。

“宝座”这个词很容易让人联想到权力、地位和荣耀，但它的真正含义其实是责任。宝座是留给那些能够在风雨中站稳脚跟、带领他人前行的人的。它是一个考验心理韧性的终极象征。

企业创始人为什么离不开心理韧性？因为他要面对的不仅仅是市场的起伏，还有团队的信任危机，甚至是无数次生死存亡的决策。如果他无法在这些博弈中保持冷静、坚定，企业就会像失去舵手的船，迅速沉没。

宝座不仅存在于职场或商业中，家庭里的主心骨，同样是某种意义上的“领袖”。每一个每天在厨房里操持家务、为家人谋划的父母，都在自己的位置上扮演着重要的角色。他们的责任，也需要心理韧性来支撑。

我们总是羡慕那些坐在高处的人，却很少看到他们在坐上宝座之前的挣扎与努力。真正值得尊敬的，不是那个位置本身，而是那些为了坐稳这个位置而无数次咬牙坚持的人。

感谢那些逼你成长的人和事，每一次博弈都是一次机会。机会的意义，不在于让你赢，而在于让你强。那些逼你“拼了命”的人和事，往往是最值得你感激的。就像一个奥运冠军感谢对手的存在，没有竞争，他就不会超越自己的极限。

同样，生活中的种种困难其实也是你的对手。它们表面上是在阻碍你，其实是在帮助你。那些让你痛苦、懊恼的时刻，往往是你的心理韧性真正开始成长的时刻。

我们无法选择对手，但可以选择对待对手的态度。与其抱怨生活的不公，不如学会与博弈共舞。因为只有真正接受博弈的人，才能在风雨中站得更稳。

心理韧性不只是一种能力，它更是一种生活方式。它渗透在你对待每一天的态度里，成为你面对人生起伏时的底气。当你把心理韧性当作日常的一部分，就像吃饭、睡觉那样自然，你就拥有了真正强大的内心。

宝座最终属于谁？

宝座属于那些在博弈中没有放弃、失落后重新站起的人。无论你是公司里的领袖，还是平凡生活里的主角，只要你拥有心理韧性，这个宝座终将属于你。

所以，下一次面对挑战时，不要急着逃避。咬紧牙关，欢迎它，因为它正在为你铺设通往更强大的你的路。

5.4

— 身心痛症 —

放松、放下是疗愈一切身心症状的秘籍

我们的身体就像一幅地图，每一寸肌肤、每一个关节，都在诉说着生命的故事。那隐隐作痛的肩颈，不只是身体发出的信号，更像是心灵深处在敲击的一记警钟。

我们常说，身心一体。身体的痛症，是心灵的映射。尤其在压力高涨的时刻，这些痛症仿佛在提醒我们，某个部分已经超出了负荷。它不是敌人，而是使者，一个敦促我们去倾听内心的邀请。

传统中医认为“怒伤肝、喜伤心、思伤脾、忧伤肺、恐伤肾”，可见传统中医智慧已经对情绪与身体的关系有了深度的理解。

所以，这张“身心地图”既是提醒，也是成长指南。

我的图书监制吴琼曾和我聊起困扰她的肩颈酸痛。她以为是长时间工作、伏案校对造成的，便尝试过很多方法：按摩、热敷，甚至调整办公环境，但效果始终不明显。她感叹道：“这酸痛总是若隐若现，我每隔一段时间就要去做艾灸。”

一次偶然的交流中，她提到了工作上的一些压力。图书监制肩负着沟通协调、质量把关和流程管理等重任。她说：“每当一个项目启动，总觉得责任全在自己身上，也担心会有失误，影响最终的出版效果。”她的语气轻描淡写，却透着一种长期压抑的疲惫。

听完她的描述，我问她：“那你的肩膀，是不是也像心里一样，承担了太多？”她愣了一下，恍然大悟。后来，她开始尝试从心态上调整自己：适当地分配任务，信任团队，不再把所有事情都压在自己身上。

没想到，随着内心的放松，她的肩颈酸痛逐渐减轻了。她感叹道：“原来我的肩膀酸痛不是因为伏案太久，而是我一个人承担了太多导致的。”

确实，人生如同一场漫长的旅途，沿途每一次情绪波动、每一次心理创伤，都会在这幅地图上留下痕迹。小时候的害怕，青年时代的焦虑，成年后的责任感，都会在某个时刻转化为身体的语言——痛症。

每一个痛症，都有它的原因。它们如同地图上的标记，提醒我们停下来，关注那些忽视已久的部分。

比如，头部的疼痛，尤其是频繁的头痛，可能意味着你正处于思绪过载的状态。当我们长期纠结于解决问题，或者对自己要求过高，头部就会以疼痛的形式向我们发出警报：放松大脑，缓解内在的高压。

颈部僵硬，则可能是负面情绪引发的。颈部是身体与头脑的连接点，象征着“看待事物的角度”。颈部僵硬，可能是在提示你“看问题的方式过于僵化”或“过分纠结于某个选择”。试着调整下心态，放下执念，或许颈部的紧绷感会随之缓解。

再比如，胃部不适，是内心焦虑或抗拒情绪的显现。胃不仅消化食物，也在“消化”生活中难以下咽的情绪。当面对长期的担忧或环境的不满时，胃部会发出不适的信号，提醒你需要改变对待情绪的方式。

甚至连膝盖酸痛都可能隐藏着对某些决定的抗拒或对生

活变化的不安。膝盖象征着灵活性及前行的动力，当它不适时，也许是在提示我们应该放下固执或担忧，学会接受未知的变化。

疼痛是一种信号，而放松是疗愈的起点。无论是身体紧绷还是内心压抑，放松都是一种解除的方式。放松不仅是生理上的舒展，更是心理上的理解和放下。

试着每天抽出一些时间，专注呼吸。深吸一口气，缓缓地呼出，想象每次呼气都带走了一份紧张。散步、冥想或瑜伽，都可以成为让身心回归平衡的工具。

"放松，是打开身心枷锁的钥匙；放下，是治愈心灵创伤的良药；和解，是迈向身心和谐的桥梁。"

放松是起点，而放下才能根治。放下，是一种和解。它意味着接受那些已经过去的事情，释怀那些未发生的事情，不再对自己过于苛责。

吴琼监制的肩颈酸痛，真正的转折点是她学会放下"必须事事尽善尽美"的执念。她意识到，团队的合作可以帮助她分担压力，偶尔有些小瑕疵也不会影响最终的结果。这种心态的转变，让她从内心深处感到轻松，而身体的痛症也随之缓解。

疼痛并非敌人，它是我们的身体向内心发出的信号。我们需要学会与身体对话，解读它的语言，找到未被关注的情绪和需求。只有当我们听懂身体的诉求，身心的疗愈才会真正开始。

我见过不少个案，当他们有身体痛症的时候，只做肉体上的各种治疗，往往痛症会反复很长时间。在我的经验中，有很大部分的个案在处理心态及情绪能量后，长期的痛症自然消失，从此不需要每星期都去推拿按摩。

每一次疼痛，都是一次提醒；每一次疗愈，都是一次成长。愿我们都能从身体的地图中找到方向，在放松与放下中，找到心灵的平和与自由。

我有一位客户，她是香港女艺人，遭受网暴后身心俱疲。后来离开香港，到外地学习了两年，希望通过学习摆脱被网暴带来的恐惧、压力及种种负面情绪。但两年间，她身体的痛症一直没有消失。后来回港后，缘分引领她来找我，接受了我的能量调频及心灵导引。

第一次接受调频的时候，她没有告诉我身体有很深层次的痛点，那个深层次是手法按摩也触及不了的部位，所以以往用各种疗法都未能奏效。在20多分钟能量调频后，她用很惊讶的眼神看着我，问我这究竟是什么？为什么她感觉有东西在体内转动，深层次的痛症立刻消失了七成？

其实这样的情况对我来说都是常态，因为从能量层面调频，就等于从河流的上游开始做净化护理，那么整条河的中游及下游当然会变得清澈美好。往后经过一轮能量调频后，她不仅痛症消失了，恐惧及相关的负面情绪也消失了。她终于能够从网暴的阴霾中走出来，重新投入她的事业，还遇到了一位很爱她的男生，一起步入婚姻的殿堂，开启人生新篇。我当时去观礼的时候也非常感动，替她感到十分高兴！

后来她因领悟了我的导引，持续修行及行善，整个人的状态稳定了很多，内心的能量也更强大了，对媒体的流言蜚语也能够泰然处之了！

我感悟到，其实影视圈的工作者更需要修行及修心，学习一套正念的心法，这样才能够帮他们抵御一些媒体及大众施加的压力，应对有时候过分的期望。

如果没有一套扎实的心法支持他们的人生，就如同在高空走钢丝，稍不留神便可能坠落下来。

5.5

— 身心灵平衡 —

满足感是滋养身心灵的神级大补汤

有多久我们没真正停下来，感受过生活的细微之美？

清晨的第一缕阳光穿过窗帘缝隙，洒在满是灰尘的书桌上；风吹动树叶，洒下点点斑驳的影子。这些看似平凡的瞬间，我们是否错过太多次？

我们每天忙碌奔波，追逐更高的目标、更大的成就，却很少问自己：“我对现在的状态，有满足感吗？”就像路旁的一棵老树，它或许因为一场风雨而折断树枝，却从未忽略大地滋养它根系的力量。而我们，何时认真体会过生命的滋养？

满足感像一个我们熟悉却又陌生的词语，它常常被我们挂在嘴边，却总被忽略在行动里。身体的需求被压抑，心理的渴望被搁置，灵魂的声音更是常被当作无关紧要的噪声。时间久了，我们也就习惯了忽略感受，习惯了以眼睛看现象，用行为来交功课的“麻木感”。

但真正的满足感，其实并不复杂。它藏在日常的一呼一吸之间，藏在与自然和谐的五行流转里，也藏在我们内心深处那一丝被唤醒的渴望中。

满足感，它不是简单的快乐或短暂的幸福，而是一种深层次的内在充盈。当我们能满足身体的需求、理解心理的渴望、唤醒灵魂的使命，就能真正感受到生命的和谐流动。

身：五行的载体，生命的基础

古人说：“形不正则气不顺，气不顺则意不宁。”身体，是我们在世间行走的根本，更是五行的载体。五行——金木水火土，不仅是自然界的运化规律，更深深镌刻在我们的生命中。它们与身体的五脏六腑一一对应。

金属肺，主呼吸与皮毛，连通外界的清气。

木属肝，主疏泄与生机，维持身体的调和。

水属肾，藏精蓄元，关系到生命的延续。

火属心，主血脉与神志，是活力的源泉。

土属脾，主运化与后天之本，为营养的关键。

当五行平衡时，身体就如同一架精密的乐器，能弹奏出和谐的生命乐章，能够盛载更高维的能量值。而满足感的起点，正是倾听和平衡身体的需求。

试想一下，当你忙碌了一天，适时喝一杯温热的茶，或者舒展筋骨，是否会觉得内心平静、身体舒畅？这就是身体需求被满足后的反应。满足感不仅是愉悦的体验，更是一种与自然和谐共处的状态。

但如果身体失衡，如过度疲劳、饮食不节，五行之间的运行就会紊乱，生命的节奏感和正能量也会随之消失。因此，善待自己的身体，给它适当的休息和关怀，是通往满足感的第一步。

心：理解渴望，平衡内在

心理需求的满足，是满足感的第二个层面。我们需要先找到自己的心理缺失，然后去理解它，关爱它，或者用行动去满足一些内在需求，更高层次就是找到及实践自我价值。然而，许多人错误地认为与朋友聚会、派对、喧哗一轮，便能够获取到心理满足。

心理需求的满足，是我们心灵健康的关键。真正的心理平衡，不是源自外界的认可，而是源自倾听内心并通过行动满足心理需求，也是爱自己的实践。

多年以来，有很多高学历的客户都不约而同地问我：什么是爱自己？怎样做才算是达到爱自己的效果？可想而知，“爱自己”这三个字在很多人心目中是非常模糊的概念，我用个简单例子说明。

大年初四，按照我的工作计划，我应该在家中把这本书的文章写好，因为年假后又会有一轮繁忙的工作，无法专心处理文章。我在午餐的时候，突然想看贺岁大片，内心想看电影，而头脑里想着按计划工作，这个时候，我毫不犹豫地按照内心的需求买了电影门票，用了几小时满足了我内心的需求，然后带着一份满足感回家继续写文章。

简单的总结就是，当你处于“心脑交战”的时候，在环境条件允许的情况下，多用行动满足内心的需求，这就是最基础的实践爱自己，实践爱自己内在的小孩。

心灵的能量主要是连接高维度的大爱能量，充满喜悦及热情。

马斯洛的需求层次理论告诉我们：从生理需求到自我实现，每一层需求都不可或缺。但如果仅停留在外在的比较与焦虑中，心理的满足便无从谈起。

一位客户的故事让我深刻感受到心理满足感的力量。她在一次祭拜祖先时，忽然想起一位对她特别好的老师，渴望去祭拜他，但这位老师可能已过世，且多年失联。尽管难以实现，她仍祈愿："老师，如果您希望我祭拜您，请给我方法或机会联系到您。"带着这份真挚的感恩，她将愿望交给生命去回应。

几天后，她的工作安排意外发生变化。原本无须外出开会的她，被临时要求参加一个项目会议。在会议上，她遇到一位熟悉的面孔，竟然是老师的儿子！会后，她表达了祭拜恩师的愿望，对方欣然帮忙，她最终如愿以偿。

她的经历让我明白，心理的满足不仅来自对渴望的追随，更来自真心的付出和感恩。这份感恩与愿望，就像触动了某种看不见的高维能量，推动生活发生了奇妙的转变。

灵：觉醒使命，与宇宙同频

灵魂的需求，是满足感的最高层次，但也是最抽象及容易被忽视的部分。我们生活在一个高度物质化的时代，人们习惯于满足身体的需求、心理的渴望，却少有人探讨灵魂的意义。

灵魂觉醒并非神秘，而是认识到自己的独特性，发现生命的使命感。一个没有觉醒的人，往往会随波逐流，被外界的评价和规则牵引；而觉醒的人，能从更高的维度看待生命，活出自己真正的价值。

这不禁让人想起一个比喻：每个人的灵魂，就像浩瀚沙滩上的一粒沙。从低维度看，沙粒是渺小而无意义的；但从宇宙的角度看，每一粒沙都是地球的一部分，有它独特的位置和价值。

灵魂觉醒的人，能够与宇宙同频。这种“同频”，是一种高维度认知能力的能量共振。它让我们以更加广阔的视野看待问题：生死不过是自然的流转，得失只是短暂的过程。灵魂觉醒的人，往往能在日常的生活中感受到满足感——因为他们明白，一切都在它该在的位置上。

当我们从身体、心理到灵魂，全方位满足需求时，就能感受到一种流动的能量。这种能量，如同一条滋养生命的河，从高处缓缓流向低处，滋润身心灵的每一个角落。

灵魂的觉醒，是满足感的起点。觉醒后产生的高维能量共振，滋养我们的心理，让情绪更加稳定，让内心更加平和。而心理的平衡，又反作用于身体，使身体的五行更加和谐，免疫力和自愈能力自然提升。

有些人可能会问：如何感受这种满足感？答案并不复杂。你可以从当下的小事开始：感恩一口热茶的温度、一阵清风的凉爽，或者倾听内心的声音。当你学会在每个当下找到满足感，它就会成为滋养你生命的源泉。

回想一下，你最近一次感受到满足是因为什么事？你有没有通过真心付出和感恩实现心理满足的经历？

满足感，是滋养身心灵的神级大补汤。它不需要昂贵的药物，也不需要复杂的仪式，而是源自对自身需求的深刻了解与满足。当你能与自己的身体对话，倾听及用行动回应内心的声音，觉醒及实践灵魂的使命，你会发现：满足感无处不在。

此刻，请闭上眼，深深吸一口气。**你会发现，生命本身，有待你去感知它。**

5.6

— 成功 —

走在全世界都为你开绿灯的道上，成功之道你懂了

成功究竟是什么？它是个人能力的极致展现，还是一种更广义的价值传递？

许多人将成功看作个人的奋斗结果，但真正深远的成功从来不是孤立的，它总是植根于与他人、社会的连接中。如果你细细体会，就会发现：成功并不是一个人有多牛，而是他能够为多大的集体创造价值。成功，是一种价值的流动和交换。

从小的家庭单位到大的社会结构，成功的轨迹其实是一种“共赢”的模式。就像一条贯穿整座城市的高速公路，你的价值让绿灯为你亮起，而绿灯的延续，取决于沿途你为别

人创造的便利与好处。

我们不妨从一个最基本的逻辑说起：什么是成功？成功，从来不是“一个人”的事，而是集体力量的结果。你个人的成功，需要建立在为他人提供价值的基础上。**只有当你能在更大的集体中被接纳、被认同，你才可能获得更多的集体意识能量资源和支持，进而迈向更高台阶。**

回想一下我们生活中的任何成功者，从企业家到科学家，从艺术家到社区领袖，他们的成功总是与其创造的价值相匹配。成功，是你在价值流动中找到自己的位置，并用你的贡献换得他人的支持与认可。

在所有现代成功者中，埃隆·马斯克无疑是一个鲜明的例子。他不仅是一位天才企业家，更是一位价值制造者。无论是特斯拉、SpaceX，还是太阳能、Neuralink，他的每一个项目，表面上是为了实现他的个人愿景，但本质上是为全人类提供解决方案。

比如，特斯拉的成功不仅是因为马斯克个人的远见和努力，更在于它满足了人类对清洁能源和环境保护的迫切需求。当他推出电动车时，他不仅在汽车市场掀起了革命，更为整个地球的环保事业做出了贡献。

同样，SpaceX在降低太空探索成本、推动火星移民上所做的努力，让无数人为之激动，他不仅让自己“飞得更高”，也为人类开拓了新的可能性。

马斯克的成功，让我们清晰地看到一个规律：成功的规模，取决于你对集体意识的贡献有多大。他并不是一个单打独斗的英雄，而是一个通过创新与行动为社会注入价值的集体思考者。因此，他也得到了全世界的认可和支持，投资者愿意为他的梦想买单，用户愿意为他的产品付费，甚至竞争者也因他的成功而被推动前进。

那么，为什么马斯克的价值会被如此广泛地接受？答案在于集体意识。

集体意识是心理学和能量学中的一个重要概念，指的是我们作为个体，无时无刻不在与周围的人、整个社会甚至全人类的潜在意识相连。你为集体提供的价值，会通过这张无形的“能量网”回馈给你。

当你的行为为集体带来益处，集体意识中的每个个体都会支持你。用简单的比喻来说，你为集体提供了绿灯的通行权，集体潜意识也会为你一路亮起绿灯。

这种价值交换的规律并不仅适用于马斯克这样的大企

业家，任何行业都存在类似的逻辑。假如你是一名教育工作者，你想要成为行业中的佼佼者，那么仅仅教好自己的学生是远远不够的。你需要为学生提供有长远意义的教育方案，向同行分享新颖的教学方法，甚至为整个教育体系的优化提出独到的见解。

这些贡献可能看似微小，却会在无形中积累。当你的学生因你的教学受益时，他们会成为你最大的支持者；当你的同行因为你的创新而提高效率，他们会对你心存感激。最终，整个教育系统都会因为你的付出而有所改变，而你也会成为成功的一部分。

在我的职业生涯中，我同样深刻感受到了这种集体意识的力量。作为一名能量治疗师，我早在许多年前就开始在网络上无偿分享自己的经验和心得。当时，我并没有想着能从这些分享中得到什么回报，只是希望我的案例和智慧能够帮助更多的人。

随着时间的推移，我的分享吸引到越来越多人的关注。许多从未与我见过面的人通过我的内容得到了启发和答案。有人甚至告诉我，单单听了我的一个故事，就解开了他们长期的心理困扰。

这种无私的分享让我在行业中建立了广泛的信任，也为我的事业带来了意想不到的收获。我的个案数量持续增加，资源源源不断，所有这些都是“价值流动”的最好证明。

戴维·布鲁克斯在《第二座山》中提到，每个人的生命中都有两座山。第一座山是个人的成就与自我实现，第二座山则是对社会和集体的贡献。第一座山往往是孤独的，而登上第二座山，你会发现一种更深层次的满足，这种满足源自你为他人创造的价值，以及他们对你的回馈。

成功的终极意义，正是攀登第二座山的过程。它不仅是对自己能力的证明，更是对集体意识的深远影响。

如何真正走在成功的道路上，让全世界都为你开绿灯？以下是几个关键步骤。

找到你的价值点

明确你可以为集体提供的独特价值，无论是技能、创意，还是思维方式。

扩大影响范围

不断从小圈子走向更大的集体，从家庭到社区，从行业到社会，随着你的贡献范围扩大，你的成功概率也会随之增加。

无私分享你的智慧

不要吝啬于分享你的经验和成果，因为分享不仅能帮助他人，也会增强你在集体中的影响力。

保持初心

无论规模如何，都要保持最初的价值观——以帮助他人为目的，而非单纯为了自己的利益。

成功的本质是价值的流动，你为集体创造的价值越多，集体越愿意为你敞开大门。无论是马斯克改变世界的壮举，还是普通人在家庭和社区中做的点滴贡献，都验证了同样的道理：

成功的高度，取决于你能为多少人带来益处；成功的深度，则取决于你是否始终专注于创造高认知层次的价值。

当你明白了这个道理，所谓“全世界为你开绿灯”，其实就是你用心照亮世界后引发的连锁反应。

第六章

心灵自由

的最终实现

6.1

— 蜕变 —

有之于内，形之于外，享受心灵自由的盛宴

曾经有学员问我：“怎样才能改变自己的命运？”答案常常出人意料——改变你的内心世界。人生的外在模样，不过是内在心境的镜像。就像一棵树，能长得多高、多繁茂，全看它的根扎得有多深。

蜕变，既不是一夜之间的奇迹，也不是单靠外力的修饰，而是一场从内而外的重塑。一切从心开始，从认知、情绪到行动，它们就像一条潜流，改变着我们的基因表达，影响着我们的气质、健康乃至整个人生。当内在正向能量汹涌而出，外在的世界也随之变得明亮清晰。

真正的蜕变，是心灵的觉醒，也是生命的丰盈。今天，

我们便以这一旅程为起点，从“有之于内”到“形之于外”，去探索如何实现蜕变，走向属于我们的自由盛宴。

所有的蜕变，都始于对内在的深刻认知。

一座大厦，如果地基不够稳固，无论设计得多么雄伟，也终究难以抵挡风雨。人的内在根基，是认知，是心态，是对生命意义的理解。没有这些，我们的改变就像沙上建塔，稍有波动便会坍塌。

蜕变前，我们必须先问自己几个问题：

我对自己有多少了解？

我是否愿意面对并修补自己的短板？

我是否准备好面对挑战？

我是否对追求自己的人生目标足够坚定？

只有深刻认识到自身的现状，意识到自己的长处与短板，我们才能向更清晰的方向迈出下一步。而这些认知，便是蜕变的动力与底气。

在过去的科学观念中，人们认为基因是决定一切的“剧本”，不可更改。但表观遗传学上的发现告诉我们，这个剧本并非完全固定。基因是“硬件”，我们每天的选择、情绪、饮食、行为是“软件”，可以调控基因的表达，从而影响我们的身体、心理乃至生命走向。

举一个例子，科学家追踪了一对同卵双胞胎，她们在童年时拥有完全相同的基因，但因生活环境截然不同，40年后，姊妹二人呈现出截然不同的状态。一位健康、乐观，事业有成；另一位身体孱弱，情绪低落，甚至罹患多种慢性疾病。这种差异的背后，是她们的基因表达被环境与选择所塑造。

这项发现让人们认识到：基因不是命运，我们的内在信号可以被优化，而优化的关键，就在于我们如何生活与选择。中国传统文化中有“相由心生”的观点，进一步说明传统智慧已经洞察到内在心境对外部形象和生活的影响。

蜕变并非遥不可及。一个看似简单的选择，就可以带来深远的影响。曾有一位朋友阿莲，年近四十时常感到疲惫，身体状况和情绪状态都直线下降，日子过得了无生气。起初，她以为这是不可避免的“衰老”，却因为一次偶然的契机，开始了她的蜕变之旅。

那一年，阿莲参加了一个公益活动，帮助山区儿童建立图书馆。在为活动奔走的过程中，她发现自己内心沉睡多年的能量被唤醒了。她开始定期参加志愿活动，帮助有需要的人。随着她的善行逐渐增多，朋友们都惊讶地发现，她的状态发生了翻天覆地的变化：原本黯淡的脸上多了光彩，整个人显得年轻而有活力。

五年后，当人们问起她的“秘诀”时，她的回答简单而温暖：“不是我变得年轻了，而是我的内心更有力量了。善行让我找到了生活的意义，也激活了我内在的能量。”

从科学角度看，阿莲的改变并非偶然。她的善行激活了内在基因中积极的部分，而这些积极的基因表达不仅让她看起来更健康，也让她的精神面貌焕然一新。

许多人渴望改变，但常常把重点放在外在，比如变美、买豪车、改变朋友圈等。然而，外在的变化若无内在的能量支撑，很容易变得浅薄而脆弱。真正的蜕变，必须是内外兼修的过程。

蜕变的核心，在于“内在的稳定”与“外在的表达”相辅相成。当我们的内心充满正向能量，外在自然会焕发光彩；而当外在的改变带来良性反馈，我们的内心也会更加自信而从容。这是一种正向循环。内在驱动外在，外在反哺内在，两者共同促成了生命的升华。

如何让蜕变发生？我们不需要在一夜之间发生翻天覆地的改变，可以从日常生活中的细微之处做起。

培养感恩的心态

每天写下一件值得感恩的事情，不仅能让内心充满阳光一般的正向能量，还能激活基因中的积极信号。

坚持良好的习惯

饮食营养均衡、规律运动、早睡早起……这些看似普通的习惯，实则在悄然影响着我们的基因表达，为蜕变提供积极的推进能量。

多做善事，拥抱他人

善行不仅让世界更美好，也会让我们的内心积聚更多正向能量。当内心被善意滋养，我们的外在气质自然会焕发光彩。

不断学习与反思

学习新知识，尝试新事物，打破对自己的限制性认知，让内心更加丰盈、开放与包容。

当内在的信号不断优化，外在的生活状态随之改变，我们就会发现：蜕变的真正意义，不是成为别人眼中的“完美”，而是活成更高版本的自己。

心灵自由的盛宴，是我们的生活不再被外界的束缚与限制所左右，而是由内心的平静、喜悦与力量来掌控。那时候，你会用更高维度的状态活着，你所听见的都是乐章，你

所看到的都是美景，处处都是盛宴！

真正的蜕变，是对内在世界的重塑，也是对外在生命的再造。当我们开始关注自己的内在信号，优化情绪与行为时，我们便在悄然改写自己的生命剧本。

我有一位生活在爱尔兰的客户，后来她也成了我的学生。最初接到她的求助时，通过网络视频与她沟通，我便能看出她面容憔悴、自信缺失。得知她的遭遇后，我十分担忧她的生活。

后来，看到她积极学习并投身修行，我见证着她慢慢脱胎换骨。短短几年间，她就有了翻天覆地的变化，如今的她充满自信，拥有健康的社交圈子、稳定的工作，在爱尔兰购置了自己的物业，真正融入了当地社会。我为她取得的进步感到万分兴奋。想知道她是如何实现蜕变的吗？

以下是她分享的故事。

我首次接触能量疗愈是2021年，原因是我诞下第二个儿子后的第七日，我丈夫突然离世，我顿时陷入悲伤、迷茫、无助、自责及愤怒的内循环状态。当时所谓最亲人不但不在身边，更无意地关上避难之门，那一刻我的心真是碎了，并置身于黑洞中，不见天日并与世隔绝，甚至不相信每一个人所说的每一句话，更遑论一句承诺。当时每天以泪洗面，时而自责，时而愤怒，不断问自己是何因。

因缘际会之下，收看到Elizabeth的频道，介绍宇宙法则、能量治疗，于是便找她做了一组能量治疗。第一次治疗时，她帮我清理丧失亲人的创伤同悲痛，我闭上眼睛看到的是紫色的柔光，影像投射出像万花筒内的莲花不断变化不同形状，气味上亦闻到悠悠的花香。一股强而有力的能量由头顶灌注，整个人感觉很温暖，真是不可思议。之后接受一连四次的能量治疗，身体负能量的确是减轻了不少，我心知创伤的伤痛还没完全康复，但也不能完全依赖能量治疗，所以我便开始踏上修行之路，一边寻找亲人突然离世的因果，一边修正自己的行为，修正内心起心动念及习气。同时，我亦接受心理辅导，双管齐下去治疗我的心病。

自此我收看Elizabeth的YouTube频道，每一条视频都看透，每个案例都非常值得参考及发人深省，同时我也上她的所有课程，如能量治疗课程，报读初心是自渡而后渡人。从中所学得的最为核心的是，意念创造实相。因此平常要保持正能量、高频，怀着感恩心，所遇到的人物事都会顺心同高质。

心理辅导对我亦有好大帮助，首先让我感恩的，是我遇到有人生阅历及智慧的心理治疗师，她帮助我认清原生家庭带给我的多重影响，厘清我个人的情绪、期望、责任、索取、不安全依附家庭关系等全都投射在我先夫以及自己身上无意思的行为。

当年我希望能拥有完整、幸福的家庭，我不要因我在单亲家庭成长，而要下一代跟我一样，所以无形间，我事事追求所谓的完美。这令人窒息的无形枷锁全压在我先夫身上，使他无法喘息，心脏负荷不了而离世。

所以我每天忏悔，日行十善，不论是心念还是捐款，大量地去做功德。

常临法师常言："点点用心，乐在其中；善财难舍，冤枉今生。"修行不是一两天或者一两个星期便可以完事的。修行是以年为单位，用一生作为目标。经过两年多的各方面治疗，我可以慢慢由黑洞离开这黑漆漆、湿漉漉的地方，有意识地剪断那些枷锁，一步一步走向光明出口。

相对未真正修行前的自己，是无意识及惯性去面对日常的问题，甚或逃避及倚赖别人的帮助。时常感到浑浑噩噩，不知今生有何目的，不断寻找人生目标；做事亦非常冲动，无耐性及鲁莽，有时会甩甩漏漏（丢三落四的意思），皆因自己专注力不足及过度活跃症。

祖父母辈重男轻女，父亲在年轻时候离婚，他自己在外赚钱，将一对子女交给祖父母照顾，隔代抚养产生出各种矛盾及代沟，祖母经常在我父亲面前投诉我们性格顽皮，行为恶劣。父亲每当听到这些投诉，便在休息日或者下班后直上祖母家，二话不说冲上来痛打一顿，不问因由。祖父更是动不动就赶出我们家口锁闸，甚或某一日我放学回家，看到我的抽屉内的个人物品、书本全散落在客厅中央，而他老人家便在饭厅候着，一副要大刑侍候审犯般的模样，向着我说“你的杂物（垃圾）太多，你立刻处置它”等等。而祖母性格辛劳、悭吝，每每道出话中全带有刺，俗语说“背脊骨落”，有时一件事件，她可以重复十遍或以上，犹如索命咒，令我午夜梦回。直到他们离世，仿佛这一齐的枷锁都变为尘土，令在生的人得以解脱，舒一口气。

以上的都是大家会提及所谓家族业力和个人的贪、嗔、痴、慢、疑、我执、无明等；上一代如何影响下一代的思维模式，那些习气以何承传下一代的基因里等一切。就因为我经历那戏剧性的转变，使我从梦中清醒来发心修行，断轮回；不论是家族业力影响还是个人，都想在我这一代终止。

正所谓“一人得道，鸡犬升天”。

从那时起，每天不断观照自己，常问自己：为何会产生这种情绪或者念头？尝试去分析、理解，然后放下。我亦试过一条课题，反复练习四五遍或以上，直到过关为止。当中例子是，在我十岁时，我祖母每逢暑假回乡至少一个月，我就暂时交托二婶照顾。她对待我如亲女儿一样，衣食住行都兼顾得非常好。

当我祖母回归时，眼见我和二婶的感情关系非常好，她便心生妒忌，从那时开始便指桑骂槐、冷嘲热讽，我们唯有默默承受。直到我先夫去世，我和大小朋友搬到老爷奶奶家暂住，互相照顾。每逢奶奶要短住一两晚照顾她的外孙时，我心便有妒忌、憎恨继而有冷暴力以作报复行为。后来心理治疗师帮我梳理这一切，都是祖母对我的习念投射到我奶奶身上，亦基于我祖母回乡没有带上我，我视之为被遗弃等一切。经过五六次练习、测验，现在若奶奶要短住数晚，我亦能安然接受。

《六祖坛经·般若品》中谈“明心见性”，在我所领悟是，观照自己内心的思想行为，觉察自己的起心动念，认识自己的心性，明白它、了解它、理解它及优化它。如何优化？是以佛陀所提出八正道及释出善念，以及济公师父的宗旨“无我利他、济世为怀”为本。当日子有功底下，我的命盘开始优化。处处逢凶化吉、贵人扶助，想做的事情都能够显化，如愿以偿。《春秋·曾子》曰：“人为善，福虽未至，祸已远离；人为恶，祸虽未至，福已远离。行善之人，如秋园之草，不见其长，日有所增。做恶之人，如磨刀之石，不见其损，日有所亏。”

Elizabeth时常提点学生，需要智慧地修行，所以尽我能力和勇猛精神去修正、优化自己，然后回馈社会，去帮助别人。用高维度去理解人事物。自己便过得轻松、自在。

在佛教中提及因果报应，以往大都是隔世报。但随着科技AI发展推进，人类的步伐急剧加快，现今是“现世报”，即现在行善，若干年后便见到果报。以下是我的亲身体验。

2024年头，我从Elizabeth中心购入红色能量酥油灯，一直放在家中，以备不时之需。2024年9月，我女儿入读小学一年级，早上返学为8点40分，下午1点30分放学。我是全职工作的双职妈妈，因此非常需要托儿所照顾我女儿，直到我下班。

刚好她入读的小学副设托儿服务，非常方便而且安心，不过人数有限，只能接受大约15位托儿，配额有限所以好快就会爆满。在知道这种情况后，我在女儿入学前，也就是去年6月就已经登记该服务预留位置，当时候补位置排第三。

自以为开学后女儿可以享用托儿服务，于是开学后第二周的星期一，我便大安旨意让她的班主任安排转房。可惜一个电话铃声便把我拉回现实，对话内容是：该托儿管理人提出，今年收生的名单上并没有我女儿的名字，所以她不能进入。因此我要提早收工赶去学校接女儿放学。途中便回想起来，6月份登记她的名字并没确实，理应还在候补名单上，那时我感到非常彷徨，因每天要提早收工又或带上她去工作，亦未知要等候多久。思想混乱之际，突然想起红色酥油灯。于是星期二一大早，我点红色酥油灯，祈愿将能量回向给该学校的地基主，希望可以帮忙安排最合适时间给我女儿受用到托儿服务。

过了一个早上，来到下午，一位社工来我家做家访，我便向她提起这事件，她二话不说帮我直接致电给该托儿所管理层，并讲述我的处境。因他们二人是相识，而该管理负责人便立刻安排登记手续，专程加开一个位给我女儿。手续当日完成，下星期一便可入该托儿所，并且该负责人提供指点如何领取最佳的津助。这个红色酥油灯的能量回应威力是电光石火间，快到令人咋舌，太不可思议。

所以凡事要广结善缘，在危急关头，使用能量产品便能得到救一命的助力。

这都是我个人亲身的经验，处处发心行善，我的命也因此一点一滴优化、升级。常临法师有言：“祖先好，后人保；若祖先不安乐，后人不会安宁。”

Elizabeth也提及过将功德及诵经的能量送给自己历生以来灵魂层面所缺失的地方，进行填补，的确我自己的头脑会清醒一点，明白到今生目的为何，修的课题是什么。亦时不时将能量送给我一对小朋友及先夫，小朋友非常乖巧贴心，而我经常感觉到轻安、自在。

这一切都是修行的开端，我与大家一同共勉之。

刘桂枝，爱尔兰

6.2

— 自由 —

你身处任何地方都是乐园

很多时候，我们对自由的理解总与外界的条件挂钩，比如能随时旅行、换工作、追求梦想。可是，有人具备这些条件，却依然觉得不快乐、不满足。反过来，有些人身处困境，却能怡然自得，活出一种安然与从容。

这似乎说明，自由并不仅仅是外在的环境，而更像是一种内心的能量状态——一种能够在不完美的世界里，依然保持平和与喜悦的能力。这样的自由，不依赖环境的好坏，而是源自心灵的深处。

当你拥有这样的自由时，无论身处何地都能感知到属于自己的乐园。

我们每个人的内心，或多或少都有一个“鸟笼”。这个鸟笼可能来自童年的阴影、原生家庭的影响，或是社会对我们的期待。它困住的，不是我们的身体，而是我们的心。比如，小时候常被责备的孩子，长大后即使没人再批评他，他也可能会习惯性地自责；一个总是追求外界认同的人，哪怕获得了成功，也无法真正感受到满足。

这些无形的“鸟笼”影响着我们的情绪和行为，使我们在面对生活时，总会生出种种纠结与不安。**很多时候，困住我们的不是生活本身，而是我们看待生活的心态。**

如果我们无法突破这些内在的束缚，就算外界的条件再宽松，我们的心也依然被关在笼中；但如果心灵自由了，哪怕生活充满挑战，我们也能感受到内心的开阔与平静。

自由，其实是一种看待世界的心态与角度。你可以选择把困难看作压力，也可以选择把它当作一次独特的体验。一个内心自由的人，往往会以轻松中性的眼光来看待一切，把生活中的考验看成有学习意义的戏剧性演出。

记得有一次，我遇到了一位情绪极不稳定的助理。她总是对事情抱怨不断，甚至有时对客户和同事发脾气。我试图与她沟通，帮助她从另一个角度看待问题，减少她的负面情绪。但第二天，她依然情绪激烈，对我甚至表现出非常无礼的态度。

如果你遇到类似情绪不稳定的助理，你会如何处理呢?

那一刻，我没有生气，也没有责备她，而是平静地站在门口，看着她，心里明白她不适合继续留在我的团队里，于是果断做出了辞退的决定。

辞退她的当晚，我随手在社交平台上发了一个招聘信息。第二天，我就收到了新的求职申请。更奇妙的是，这位新助理不仅专业能力出色，性格也非常温和，还比我之前的助理更契合团队的需要。

这件事让我更加明白，人生中的每一件事都有它的节奏和安排。当我们不再执着于眼前的问题，而是用一种更平和、更高的视角来看待它，宇宙往往会以一种意想不到的方式回应我们。

转念，正是通往心灵自由的一把钥匙。它让我们从“被困住”的感觉中跳脱出来，重新以一种轻松的方式与生活互动。

如果你拥有了转念的能力，就会发现乐园并不是某个特定的地方，而是你身处的任何地方都是乐园，因为你就是乐园本身。无论你身处喧闹的城市还是安静的乡村，无论是顺境还是逆境，你都可以在生活中找到让自己感到愉悦的事物。

有时候，我喜欢观察一些小动物的行为。两只猫在地上打闹，在它们的视角里，或许是一次“正经”的争斗，但我们看着，却觉得滑稽又可爱。为什么呢？这是因为我们与猫咪的认知维度不同，不会因为它们的打斗而产生情绪波动。

同样的，当我们能用高维度视角看待人生，就会发现生活中的许多矛盾与冲突，其实并不那么沉重。人类的争执、感情的波折、工作中的压力，从一个更高的维度来看，就像小猫打架一样，充满了“戏剧性”的趣味。

这种看待世界的方式，并不是对问题的逃避，而是一种深深的理解和接纳。当你不再执着于某种“必须要”的结果，而是用一种轻松的心态去面对生活中的各种可能性时，内心自然会生出一种平静而喜悦的感受。

心灵自由并不是一蹴而就的，它需要我们不断练习，不断体验。就像学习一样，仅仅知道一个理论，并不会让你真正掌握它，唯有通过一次次的实践，才能将它内化为生活的一部分。

比如，有些人总觉得金钱是束缚自己的枷锁。当收入不足时，他们充满了焦虑和恐惧；即使收入增加了，他们依然担心会失去。这种状态，并不是金钱的问题，而是内心的认知维度没有真正达到自由的境地。

曾经，我自己也经历过一段创业艰难期。那时，面对每个月高额的利息，我一度压力很大，直到有一天突然意识到，焦虑无助于解决问题，我只需专注于每日的解决方案。比如，这个月需要偿还的额度是多少？我该如何更有效地分配时间和资源？当我一步步专注于当下时，压力渐渐减少，取而代之的是一种清晰和行动力。

最神奇的是，当我放下了对金钱的恐惧时，生活也开始以各种方式给我提供帮助。有些银行突然推出低息的贷款计划，一些客户主动找到我，带来了新的收入。生活似乎在用自己的方式告诉我：只要心灵松开枷锁，所有的答案都会接踵而至。

自由，不是没有困难，而是在困难中依然能保持从容；不是外界的无拘无束，而是内心的一片安然。

当你学会用轻松的视角看待生活的起伏，用喜悦的态度去接受每一天的体验时，乐园自然会在你心中生成。无论周围是阳光灿烂还是风雨如晦，你都会发现，生活从来不缺美好，只是需要我们用自由的心去感受它。

或许，所谓乐园从来不是某个具体的地方，而是我们内心的一种状态。希望你无论身处何地，都能感受到源自心灵深处的安宁与喜悦。

6.3

— 掌舵者 —

生命从此没有难事，一切都是获取满足感的机遇

生活常常像一条河流，我们如同河上的小船，随波逐流，被水流牵引着驶向未知，毫无掌控力。为什么会这样呢？因为我们总觉得，外界有太多的限制让我们无能为力：工作难找、经济压力、社会期待、家庭责任……我们不断对自己说："我没办法，只能接受。"可是，这真的是事实吗？

其实，困住我们的，不是外界的风浪，而是对自身力量的误解。

痛苦的来源，往往在于我们把定义权交给了环境和他人。当你意识到外界的环境不过是生活的背景，而真正决

定航向的是自己的心态和选择时，你会发现，一切都可以不同。

想象一个场景：你驾驶着一艘船，面对前方的大浪。你可以选择抱怨浪太大、风太猛，甚至干脆放弃划桨；也可以选择调整方向，利用风浪的力量，把船驶向你想去的地方。人生中的“难事”就像这些浪潮，如果你愿意去掌舵，它会成为让你前行的动力，而不是阻碍。

很多人可能会说：“我现在的生活平淡却安稳，为何非要改变呢?”可你所谓的平淡，并非安稳，而是潜藏着倦怠。你会觉得生活没什么意思，却又提不起勇气去做些什么。

这种“无聊感”，实则是生命发出的信号，提醒你该调整方向了。

当我们对人生感到迷茫时，不妨反问自己：我现在的方向是否让我获取满足感？而我所追求的满足感，又是否指向一个清晰的方向？如果答案是否定的，那就意味着，是时候调整航向了。

人生的关键，并不是选择“安于现状”还是“大胆改变”，而是找到一种状态：让每一步迈出时，都能感受到内心的力量和意义。

满足感并非由外在条件堆砌而成。金钱、地位和物质安稳固然重要，却无法让我们长久地感到充实。真正的满足感，来自你能否在每一个选择中，找到属于自己的意义。

比如，一个人每天学习新事物，即便进展缓慢，也能感受成长的喜悦；面对挑战敢于尝试，即便未能完美解决，也会为自己的勇气而满足。这种内在的满足感，正是掌舵自己人生的最大动力。

生活中的每一件事，其实都可以成为满足感的来源，只要你愿意以主动的态度去对待它。你可以问自己：

这件事对我来说意味着什么？

我能从中学到什么？

它能否让我更接近真实的自己？

如果你用这样的方式去看待每一个选择，生活就会变得不一样。满足感，不再是外界给予的，而是你通过觉察、修正、升维而来的心灵自由所滋养的。

我们常将问题视为‘坏事’，认为它们带来痛苦、折腾甚至失败。然而，仔细思考便会发现，每个问题背后都潜藏着成长的契机。

生命中的所有经历，无论成败，实际上都在引导我们实现心灵成长这一深层次渴望。

换句话说，所有发生在我们身上的事，都是一种礼物，帮助我们重新审视自己，并做出选择。如果我们看不懂这些“礼物”，我们会觉得生活充满难事；但如果看清它背后的意义，一切就会变得清晰而简单。

生命的风浪并非要打倒你，而是要锤炼你。以开放心态面对，你会发现，所谓的‘难事’实则是一份特殊礼物，能让你在成长中变得更强大。

而生活中的许多痛苦，来自我们对变化的抗拒。我们害怕失败、害怕失控、害怕别人对我们的评价，于是选择停留在原地。可是停下来真的会让我们更好吗？事实上，停滞带来的往往是更多的焦虑和迷茫。

掌舵者的智慧在于，他们接受生活的无常，并学会在变化中找到自己的方向。他们明白：你无法掌控风浪，但你可以选择如何回应它。

比如，当你面对一件困难的事情，先停下来，问问自己：

我可以做什么，让局面变得稍微好一点？

即使暂时解决不了问题，我是否可以先调整自己的心态？

如果我把这件事当成一次学习的机会，我能学到什么？

这些问题的答案，不一定能让你马上解决问题，但它们会让你重新掌控主动权，而不是被情绪和外界牵着走。

当你决定成为生命的掌舵者，一切都将不同。每个挑战都是成长的契机，每个选择都是探索生命可能性的机遇。

我们无法预知每一场风浪，但能选择应对方式。成为生命的掌舵者，你会发现，从此再无‘难事’，一切都是获取满足感的机遇。

当每个人都能成为自己生命的掌舵者时，不仅能够实现个人的幸福和成长，还能为家庭带来积极的氛围，促进家庭成员之间的相互支持与成长；从企业层面看，当员工和老板都能在岗位上发挥掌舵作用，企业就如同自动运行的AI矩阵，减少内耗并快速迭代；从社会层面看，积极主动的个体能够推动社会的进步与创新，营造更加积极向上的社会风气。

6.4

— 内外融合 —
心灵自由与人生成就“十指紧扣”

生活，总是在外界和内心之间来回流转，犹如一条奔腾不息的河流。外面是我们所处的世界，是工作的压力、家庭的责任、社会的期待；而内心，则是我们安放灵魂的地方，是自由、平静和自我认知的栖息地。

不久前，我遇到一对夫妻，他们的婚姻陷入困境：妻子对丈夫充满不满，丈夫却始终无法理解她的需求。他们曾求助于婚姻辅导，但屡屡无果。带着最后的希望，他们来到我的面前，开始了一场从内心出发的探索。

在交流中，我发现，他们之间问题的根源并不在对方的“错”，而是各自心中的积怨和不安。通过慢慢拆解这些情绪，丈夫学会了倾听，妻子也重新审视了自己的需求。随着内心的改变，他们之间的理解和包容逐渐增多。

疗程接近尾声时，妻子描述了一个冥想中的画面：她站在一片树荫下，阳光透过叶隙洒在她身上，感到温暖而平静。这个画面仿佛是一种象征，预示着她的内心与外界达成了和谐。

几周后，这对夫妻带着感谢信和一大盒水果前来，脸上满是幸福的笑容。后来我得知，他们当时已悄然迎来一个新生命。这段经历让我深刻体会到，内心的自由不仅能化解冲突，还能延展出新的生命意义。

我们每个人都渴望自由。许多人将自由理解为远离纷扰、不受拘束。然而，这种自由如果仅仅停留在远离外界的层面，可能并不能带来真正的内心安宁。**真正的自由，不是与外界隔离，而是在与世界的互动中，依然保持内心的独立与清明的——心灵自由。**

在外界，我们扮演着不同的角色：父母、同事、朋友。这些角色是我们与他人、与环境互动的纽带。真正的自由，不是放下这些责任，而是在承担责任的同时，依然保持从容与内心的平静。

内心自由是一种力量，能够帮助我们摆脱过度焦虑与紧张，专注于自己真正想做的事。它使我们在面对困境时，依然保持冷静和坚定，去寻找解决的办法。正如那对夫妻，当他们从内心深处找到平衡，便有了重新修复婚姻的力量。

真正的成就并非孤立存在，它往往伴随着与他人的互动和共同成长。无论是在家庭中凭借理解支持创造幸福，还是在职场中通过团队合作实现目标，成就都是内外交融的成果。当我们内心自由时，这种能量也会传递给身边的人，激励他们去追寻自己的自由与成长。

我们的自由，实际上是一种“种子效应”。每一次成长、每一次突破，都会在他人心中播下一颗希望的种子。当我们从内心找到自由时，也为他人提供了感受自由与成长的机会。

自由不是强加于他人，而是在追求自身自由的过程中尊重他人的选择。以从容的心态与他人互动，这种自由氛围会自然感染身边的人。

追求内心自由时，我们也在无形中影响身边的人。

自由的内核，是内心的澄澈与宁静；而它的外延，则是与他人的相互滋养与扶持。当我们真正理解这一点，便能在纷繁复杂的世界中找到属于自己的位置，与他人一同迈向更加美好的明天。

人生的成就，正如一朵花的盛开，不仅是个体的荣耀，更是与世界共同绽放的美好。当内心的自由与外界的融合达成平衡，我们便能真正实现自由的意义，成就更丰盈的人生。这份自由与成就，既是自我的收获，也是对他人和世界的馈赠。

我有一位客户，他是香港2015年的杰出青年工程师得奖者，2014年12月他来见我时，身体并无不适，只是出于好奇尝试能量调频。我帮他调频时发现其脑部能量阻塞，调整后他豁然开朗，阻隔的能量消失，整个人想法和感受都特别清晰，心灵舒畅。

能量调频后，他在2015年荣获“杰出青年工程师”奖，这让他十分高兴。此前他两次被提名却未获奖，本不抱太大希望，这次获奖可谓意外之喜！

这个案例就是证明了，当个人的内在能量改善了，外在的成就也会马上呈现。

以下是他写给我的文章。

从内到外的转变：我的心灵成长之旅

在生命的旅途中，我们常常被外界的纷扰或问题牵引，忘记了内心的力量。然而，自从接受了Elizabeth老师的指导后，我的身心灵经历了一场崭新的蜕变。

以往的我，时常感到思维不顺畅，内心与行动之间总是出现矛盾。无论是左脑的逻辑还是右脑的直觉，两者之间似乎存在一道无形的隔阂，让我难以真正去整合内在的能量。透过Elizabeth老师的调频及教导，我得以调整身体与心灵的频道，让我的内耗逐渐消散，进而达致身心灵的协调统一。这不仅让我变得更平静、更有力量，也为我开启了一扇全新的内在探索之门。

作为一名电机工程师，我的日常工作需要处理和解决各种工程及技术问题，习惯以理性分析为主导。然而，在Elizabeth老师的指导下，我学会了以更完整的方式去生活——不仅仅依赖理性分析，还结合情绪感知与内心觉知，从多个层面去面对生活的挑战。这并不是要放弃专业素养，而是对工程思维的一种维度扩容。我领悟到，所有外在系统的结果，其实都是源于内在程序的编写。这一新的视角让我不仅能更有效地面对工作中的挑战，也能在生活中找到更多的平衡与满足。

更重要的是，我对世界的认知也随之改变。以往的我，总认为一切的改变与成功都取决于外在的条件与环境。但在Elizabeth老师的指导下，我明白了，所有的丰盛、幸福与爱，真正的起点都在于内心。这种由“外求”转为“内求”的思维转变，为我的人生带来了深远的影响。我学会了以内心为核心，从内在的平衡与和谐出发去面对生活的挑战。

除此之外，我也领悟到，外界的问题常常是内心状态的反映。这一点让我开始重新审视困境背后的深层原因，改变了我解决问题的方式——不再只是停留于外在，而是从内心着手，实现真正的转化。这种由内而外的改变，让我的每一天都变得更加充实而有意义。

感谢Elizabeth老师的指导，让我明白了心灵的力量，并走向了一条更加丰盛的成长之路。这段旅程，无疑是我人生中最珍贵的财富之一。

陈子健博士、工程师，2015香港杰出青年工程师

6.5

— 无限可能 —

心灵与高维能量同频共振，享受源源不断的力量加持

在这个浩瀚宇宙中，我们常常听到“无限”这个词。它代表着无穷无尽的可能，超越了空间和时间的局限。许多人会觉得，无限是一个遥不可及的概念，是科学幻想中的产物。

然而，真正的“无限”其实与我们每个人的心灵息息相关。无限，不仅仅是宇宙的广袤与未知，它同样存在于我们内心的潜能中。我们的思想、我们的情感，甚至我们的一念之间，都能开辟出一个全新的宇宙，创造出属于自己的无限可能。

每个人的心灵都蕴藏着无限的可能。我们的思想、情感

和决策，都是无限潜能的体现。但多数时候，我们受限于有限框架，无法体会内心深处的力量。这就如同种子，虽有长成参天大树的潜力，但若未落在适宜环境，便无法展现真正的面貌。

心灵的蜕变，就是要给我们的心提供一个正向能量的环境，让我们的心灵在自由中觉醒，才能与更高维度的能量同频共振，获取无限的力量加持。当我们敢于去打破固有的思维模式，去感知自己的内在世界时，我们便能够触及那份巨大的潜能。

例如，中国传统文化中有关人与自然的阐述，阐述人与自然宇宙相互关联、相互影响，人通过内心修养与宇宙能量协调共振，实现自身发展，这正体现了对心灵与宇宙关系的深刻理解。

这种蜕变，意味着我们不再被过去的经验和限制所束缚，而是能够以一种全新的眼光来看待自己和世界。我们开始意识到，自己的每一个决定、每一个想法，都蕴含创造力量，我们有能力在内心构建一个全新的宇宙，一个全新的世界，而这正是“无限”的开端。

心灵的觉醒，意味着我们与宇宙的能量开始同步共振。

所谓“高维能量”，并不是一些玄奥难懂的概念，而是我们与宇宙之间那种深层的、无形的联系。

当我们与宇宙的频率共鸣时，我们既能够感知到外界的变化，还能主动吸引到与自己愿景相符的资源和力量。这种能量，是无形的，但它却能够实实在在地影响我们的人生轨迹，帮助我们创造属于自己的可能。

当我们达到与宇宙同步的状态时，生活中的许多事情便开始变得顺利而自然。我们会发现，原本艰难的决策变得轻松许多，曾经遥不可及的机会，竟然在不经意间就出现在了眼前。

一切的创造，都源于一念之间。我们的每一个想法，都是在塑造我们未来的种子。当我们拥有清晰的目标和明确的信念时，我们实际上已经开始在创造一个新的世界。这个世界或许是我们事业的突破，或许是我们生活方式的改变。

比如，当我们决定做出某个选择时，这一念之间的心动，便是我们启动新宇宙的开始。这不仅仅是一个简单的决策，而是我们内心能量的一种投射。正是通过这一念，宇宙开始为我们调整和安排资源，使得我们的选择能够顺利成行。就像种下一颗种子，周围的土壤、水分、阳光都会为其提供支持，让它顺利生长，最终开花结果。

当我们与宇宙的高维能量达到共振，我们会发现，生活中所有的困难和挑战，似乎都变得有趣和有意义。无论是工作上的瓶颈，还是生活中的不顺，都会在不经意间得到化解。这种变化，来自我们与宇宙的共振带来的自然流动。

当我们不再执着于控制一切，而是放下心中的焦虑，开始相信和接纳宇宙的规律时，我们便能够享受到这种力量的加持。我们会发现，自己所需要的帮助、机遇，甚至是遇到的人，都会在最适当的时刻出现在我们的生活中，这正是宇宙在背后默默为我们铺路。

这种感觉，就像是在一个温暖的怀抱中，完全放松自己，顺其自然地接受生命的馈赠。我们不再焦虑未来，也不再纠结过去，而是全然地信任自己、信任宇宙，享受那份源源不断的力量流动。

要实现真正的无限可能，我们必须首先释放自己内在的潜力。每个人都拥有无限的创造力，关键在于我们是否愿意打开内心的窗户，让阳光照进来。当我们清晰地意识到自己的能量，并与宇宙的能量发生共振时，我们就能够进入一个全新的维度，开始创造属于自己的无限可能。

这一过程并非一蹴而就，而是一种持续的觉察与成长。当我们不断拓展自己的心灵维度，我们将发现自己拥有了无穷的创造力，能够轻松地实现自己内心的愿望，迈向新的高度。

无论我们的生活看似多么平凡或琐碎，背后蕴藏着的无限可能，始终等待着我们去发掘。当我们用心去感知宇宙的能量，去与其同步共振时，生活中的每个细节、每个选择，都将充满奇迹与希望。无限并非遥不可及，而是存在于我们每个人的内心深处。

每个人都是人生的创造者，拥有无穷的潜力与力量，去开启自己人生的新篇章。

6.6

— 领袖觉醒 —

不费力就是顶级的领导力

“为什么我总觉得这么累?”朋友在电话里问我，她刚刚结束一天的会议，情绪听起来低落。

“你在做什么让你觉得累?”我问。她停顿了一下，说：“感觉我总在试图满足别人的期望。”

很多人努力扮演别人期望的角色，却忽略了真正的力量来自觉醒的内心。当我们以外在的评价作为人生的衡量标准时，我们很容易迷失。

因为每个人的目标和使命都是独特的，盲目去模仿别人或试图满足别人的期待，就像穿着不合脚的鞋子走路，每一步都显得费劲，甚至会带来伤痛。

我们的一生，都在不断创造自己的世界。从你决定读哪本书，去哪个城市，交什么朋友，到做出重要的人生抉择，这些看似平凡的瞬间，其实都在构建属于你的独特人生。换句话说，你本就是自己生命的领袖。

但问题是，大多数人并没有意识到这一点。于是，许多人总觉得自己是被推着走的，迷茫、焦虑、疲惫，他们好像忘记了，他们的世界是由自己内在投射出来的，而每个人的内心世界是可以自我调整的，只要读懂前面的章节，有了更高的内在认知，自然会投射出优化版本的外在世界，根本不必焦虑迷惘。

如果有一天，我们真正觉醒，意识到自己不仅是创造者，更是掌舵者，我们的视角会完全改变。我们会开始知道自己真正想要的是什么，这种觉醒，是成为真正领袖的第一步。

提到“天命”，许多人会觉得遥不可及，好像它是古代帝王才配谈的词汇。其实不然。天命并不是某种神秘的指引，而是你内心最真实的声音。

还记得那次和朋友聊天，她说她一直对写作充满热爱，但总觉得写作不是“正事”，因为靠它赚不到什么钱。后来，她决定听从内心的召唤，全心投入写作中，没想到不仅收获了内心的满足，还得到了意想不到的机遇。当她选择跟随自己的“天命”时，所有的事情都开始变得“顺流”起来。她告诉我：“以前我以为写作是我的兴趣，现在才发现，它是我的使命。”

当你走在正确的道路上，你会发现，不需要用力去争取什么，机会自然会找上门来。

真正的领导力，并不意味着时时刻刻都要站在聚光灯下，也不是需要每一刻都在施加影响力。相反，它更多是一种内在的安定。因为你的内心已经觉醒，你知道自己是谁，也知道自己要走向哪里，所以外界的风浪再大，也动摇不了你的内心。

就像马斯克，他是一个全球公认的领导者，但他的“领导”并不是传统意义上的发号施令，而是通过他的信念、愿景和笃定的行动，带动了整个团队。他的目标早已不局限于地球，而是投向了更广阔的宇宙——“为人类找到未来的家园”。

这就是一种灵魂安定的力量。当一个人的目标不再只是个人利益，而是服务于更大的使命时，他的影响力和领导力会自然地散发出来，毫不费力。

当然，有些人会问："为什么我总觉得领导是一件费力的事?"这里有两个原因。

第一，是还没有找到真正的使命。许多人做的事情，并不是自己内心深处想做的，而是被外界的期望或现实的压力推着走的。无论你多努力，都会感到吃力。

第二，是内在的能量被阴影所蚕食。所谓的阴影，是指我们内心未被疗愈的部分，比如过去的创伤、未解的情绪、隐藏的恐惧等。这些阴影会悄悄消耗我们的能量，让我们在面对挑战时总是感到力不从心。只有当这些阴影被照亮，心灵真正自由觉醒时，我们的能量才会被宇宙无限加持，人生在对的道上不但不费力，还会展现一种独特而顶级的领导力。

有人说，成为一个顶级领袖是一条漫长而孤独的路，但我不这样认为。我相信，这是一条充满意义的旅程，每一步都值得我们去走。

每一次挫折，都是打磨领导力的砂纸；每一次困惑，都是指引使命的灯塔；每一次觉醒，都是开启顶级领导力的钥匙。那些看似艰难的时刻，其实是宇宙在为你安排的课程，帮助你成为更好的自己。

愿这本书中的知识与智慧，引领人们从心灵觉醒迈向心灵自由的大道，解放每一颗心灵，使其愈发强大，助人们成就更美好的人生，构筑一个满溢正能量的世界。

希望大家：

掌握心灵自由的密码。